サステイナブルに暮らしたい

地球とつながる自由な生き方

服部雄一郎
服部麻子

anonima st.

Introduction

はじめに

「もっとサステイナブルに暮らしてみたい」――そう思って、高知県の山のふもとに移住したのは7年前。38歳の時でした。

夫婦ともに神奈川県育ち。二人とも、海外に行って、大学を卒業して、都心に勤務して、まさか地方に移住するなんて、夢にも思わない20代を過ごしていました。

当時は環境意識も皆無。僕は六本木一丁目の高層オフィスでアートの仕事。妻の麻子さんは港区の大学事務室に勤務し、二人でグルメガイド片手に外食三昧、舞台三昧。気に入った洋服ブランドでシーズンごとに服を買い足し、常連客向けのパーティーに招待されて悦に入る、なんていう、今から思えばちょっと恥ずかしい過去もありました。

20代の終わり、一番上の子が生まれ、「もっとたのしく子育てしたい」と郊外の神奈川県葉山町に転居。たまたま中途募集が出た町役場に転職し、まさかの「ごみの部署」に配属されたことが、人生を変える転機となりました。

最初は少しショックだったごみの部署。でも、この運命のいたずらがなかったら、自分はゼロウェイストにも出会っていないし、環境問題にも目覚めていないし、今とはまったく違う人生を歩んでいたはず。そう思うと、人生ってつくづく不思議です。

ごみ問題のおもしろさにのめり込んだ僕は、その後、子連れでカリフォルニアの大学院にごみ留学。ごみのNGOの仕事で南インドに滞在し、現地のエコビレッジで見た「サステイナブルな暮らし」の美しさや創造性に衝撃を受けたことがきっかけとなり、高知へ移住。今は四国の自然のただ中で、自分たち自身、ゼロウェイストやプラスチックフリー、ギフトエコノミーなどのエッセンスを取り入れつつ、思い描く暮らしの形に向かって、毎日ワクワク暮らしています。

仕事は完全なる「自由業」。夫婦二人で週1回カフェをやったり、お菓子をつくったり、はたまた環境NGOのオンラインサポートなどもしてきた中で、思いがけず翻訳や文筆などの仕事も広がってきて、今に至ります。

一番上の子が生まれてから16年、気づけば7回の引っ越しを重ね、8つの場所で暮らしてきました。都会と田舎。先進国と発展途上国。長い暮らしと短い滞在。その中で様々な人のライフスタイルに出会い、自分たち自身のライフスタイルも変わってきました。

実は苦手なことの多い二人です。だから、思い通りにならないことも多々ある。でも、それでいいと思っています。だって、世の中には「完璧な人」なんてほとんどいないから。それに、麻子さんの言う通り、「予定通りの人生なんてつまらない」。想定した通りにいかないからこその手ごたえやおもしろさというものもあるのです。


「サスティナブルな暮らし」には果てしない可能性があって、そのあり方は自由そのもの。正解はどこにもありません。でも、たのしさは確実にある。暮らしを変えてみることはたのしさに満ち満ちています。本当に気軽に、ちょっとした変化や工夫を取り入れてみることで、すべてがはじまります。日々の手ざわりや、物の見え方や、暮らし全体が劇的に変わっていきます。

この本にまとめたのは、決して完成形ではない、わが家の暮らしの「これまで」と「今」。まだまだできることは無限にあるし、時を経る中で、できることは変わってくる。もっといいやり方が見つかることもあるだろうし、できなくなることだって出てくるかもしれない。

何しろ苦手なことの多い二人なので、そんなに〝すごい暮らし〟ではありません。世界には本当に尊敬すべき暮らしをしている人がたくさんいます。でも、「この程度」であっても、できることはすごくたくさんある。そして、こんなにもたのしさの種は散らばっている。逆に、不完全だからこそのヒントを感じていただけたらいいな、と思います。

「地球のため」ばかりではない、たのしく心地よい暮らし。これからもどれだけ多くの可能性に出会えるか、たのしみでなりません。

服部雄一郎

目次

1 食のこと

2 台所まわり

3 家事も循環

4 買う・持つ・もらう

5 お菓子とお茶とギフト

6 なりわい 仕事とお金

7 体と心と身だしなみ

8 子育て

9 暮らしと社会を考える

サステイナブルに暮らす 10のトピックス

「サステイナブル」（＝sustainable）とは、英語で「持続可能な」の意味。自然資源の枯渇や地球環境の崩壊を招かず、長期的に持続できるような暮らしや社会のあり方を意味します。

理想は「地球環境や生態系と共生できる暮らし」。でも単に自然環境を守ればいいということではなく、飢餓や貧困をなくす、保健・福祉・教育の確保、働きがい、ジェンダー平等、平和と公正など、「より望ましい社会をどう実現し、長期的に持続させていけるか？」という視点が含まれます*。

つまり、サステイナブルとは「誰もが願うであろう幸せな社会の形」。そんな社会の実現に向けて、暮らしの中でできることはたくさんあります。日々の暮らしを見直すヒントをくれるトピックスを10個紹介します。

＊これを包括的な開発目標として国連で採択したのが「SDGs《エスディージーズ》」（Sustainable Development Goals／持続可能な開発目標）です。

1 ゼロウェイスト：減らせるごみは全部減らす

参考：『ゼロ・ウェイスト・ホーム　ごみを出さないシンプルな暮らし』ベア・ジョンソン著　服部雄一郎訳（アノニマ・スタジオ）

2 プラスチックフリー：余計なプラスチックは使わない

参考：『プラスチック・フリー生活　今すぐできる小さな革命』シャンタル・プラモンドン、ジェイ・シンハ著　服部雄一郎訳（NHK出版）

3 ギフトエコノミー：ゆずり合う／シェアする／あるものでまかなう

参考：『ギフトエコノミー　買わない暮らしのつくり方』リーズル・クラーク、レベッカ・ロックフェラー著　服部雄一郎訳（青土社）

4 エシカル消費／フェアトレード：

自然環境や労働環境に配慮した買い物をする

参考：『はじめてのエシカル――人、自然、未来にやさしい暮らしかた』末吉里花著（山川出版社）

5 食品ロス：廃棄食材を減らす

参考：『賞味期限のウソ 食品ロスはなぜ生まれるのか』井出留美著（幻冬舎新書）

6 地産地消／ローカル消費／フードマイレージ：

より近くでつくられたものを選ぶ

7 省エネ／パワーシフト／脱炭素：エネルギー問題を考える

参考：『電気がなくても、人は死なない。』木村俊雄著（洋泉社）、
『電気代500円。ぜいたくな生活』アズマカナコ著（CCCメディアハウス）
ウェブサイト「未来をつくる"でんき"のえらび方」https://power-shift.org/

8 オフグリッド／パーマカルチャー／タイニーハウス：

自然エネルギーの利用／循環型の家／小さく暮らす

9 アニマルウェルフェア／ビーガン／プラントベース：

動物由来の食品や製品の消費を避ける

参考：『アニマルウェルフェアとは何か　倫理的消費と食の安全』枝廣淳子（岩波書店）、『しあわせの牛乳』佐藤 慧著　安田菜津紀写真（ポプラ社）

10 ダイベストメント：

環境的・社会的に問題のある投資・融資をしている金融機関にお金を預けない

参考：ウェブサイト 350.org Japan「let's divest」https://350jp.org/lets-divest/

家族年表

1995	雄一郎と麻子、大学で出会う
2000	横浜の賃貸アパートにて同居スタート（事実婚）。２人とも都心勤務で、消費生活・外食生活をたのしむ
2005	第1子を自宅出産。菜食生活に移行
2006	横浜から神奈川・葉山町へ転居。雄一郎、町役場に転職、ごみの仕事に。 自宅で生ごみ処理開始。庭で畑をスタート。麻子、食の活動「やまねごはん」開始。のち、仕事を退職
2007	結婚
2010	第２子出産。雄一郎の留学に伴いアメリカ・カリフォルニア州バークレーへ。 大学の家族寮に住み、毎週ファーマーズマーケットに通う
2012	雄一郎、大学院修了。ごみのＮＧＯの仕事で南インド・チェンナイに滞在。 子どもは現地の学校に通い、カレーを食べる日々
2013	エコビレッジ「オーロヴィル」にインスピレーションを受け、地方移住を決意。 帰国し、京都のマンションに仮住まい。移住先を探すもなかなか見つからない
2014	第３子出産。食の活動「ロータスグラノーラ」開始。偶然訪れた高知への移住を即決。山間部の空き家を直しながら暮らす
2015	雄一郎、『ゼロ・ウェイスト・ホーム』（訳書）の刊行決定（2016刊行、アノニマ・スタジオ）。よりゼロウェイストな暮らしを目指すようになる
2016	高知・香北町へ転居。週1回の「水曜カフェ」をスタート（〜2020）
2017	麻子、ADHD傾向であることがわかり、カウンセリングに通いはじめる
2018	新居建築を決意。友人の設計士に依頼し、サステイナブルな家づくりの構想をスタート
2019	雄一郎、『プラスチック・フリー生活』（訳書、NHK出版）刊行。よりプラフリーな暮らしを目指すようになる
2020	雄一郎、子どもと絵本をたのしむ中で、絵本『エイドリアンはぜったいウソをついている』（訳書）刊行決定（2021刊行、岩波書店）
2021	高知のギフトエコノミー的な暮らしをたのしむ中、雄一郎、『ギフトエコノミー』（訳書、青土社）刊行。試行錯誤を経て、晴れて“サステイナブルな”新居完成

1
食のこと

わが家の食卓

雄一郎

わが家の食卓はとても簡素です。野菜がメインで、肉や魚は数日に1回のごちそう。普通のお宅なら副菜になりそうな「豆腐サラダ」も、わが家では主菜。ランチの定番は、野菜だけのパスタ。「白ご飯＋みそ汁＋納豆」といった、文字通りの一汁一菜の夕食も多発します。

野菜中心のシンプルなごはんは、全然もたれず、とても心地いい。派手な味にかき消されず、素材本来の味を充分に味わえます。そして、これは単なるおまけですが、洗い物も簡単。排水が汚れないのも地味にうれしいポイントで、つくづく「素食」は理にかなっているなと感じます。

ご飯は鍋炊き。最近は、保温調理器（シャトルシェフ）を使うと、ガスでの加熱時間が最小化できることに気づきました。普通の鍋なら、沸騰してから弱火で12〜13分加熱するところ、これならわずか6分ほど。あとは保温器に入れて、長めに蒸らします。鍋炊きのご飯はおこげが香ばしく、とても幸せです。

動物性たんぱく質を少なめにとどめているのは、健康面と環境面の両方の理由から。でも、肉や魚の消費を減らすと、経済的にもメリットは大。肉や魚に限らず、わが家のモットーは

「いろいろな食材を買いすぎず、その分、質の良いものを」。調味料は無添加のとびきりおいしいもの、野菜もできる限りオーガニックや無農薬のものを中心に選ぶことで、地味でもとても贅沢な食卓になっていると思います。

誇れるのはローカル度。地産地消をとりわけ意識しなくても、「今日のメニュー、ほとんど全部、町内産だね！」ということが多発します。これは農業の盛んな土地ならでは。わが家も畑で野菜を育てていますし、親切なご近所さんからのおすそ分けも多いです。直売で新鮮な野菜や産物もたっぷり買えるし、知り合いの農家さんから直接買わせていただく機会も豊富。

もちろんスーパーや生協のお世話にもなっていますが、土地の恵み、四季の恵みをすぐそばに感じながらの食卓は、やはりとてもうれしいです。ベースがローカルにあると、遠方からの食材が貴重さを増すのも気に入っています。わが家は子どもたちが大好きなシリアルやポレンタなど外国産のものも食べますが、それらは主として「週末のうれしい朝ごはん」。このイベント感がたまりません（シリアルで高揚できるって幸せすぎます）。そんなメリハリも交えながらのわが家の食卓。暮らしの一番の基本です。

山のふもとのおすそ分け

麻子

食はもっとも大切にしたいことのひとつ。自給自足には憧れるし、パッケージフリーのためにもっと畑をがんばりたい……とやる気は満々なのですが、実際は多少野菜をつくっているくらいです。

そんな中、高知に移住して一番ダイナミックな変化は「おすそ分け」。先日はちょうどそんなギフト満載の日でした。

まず午前中に宅配便が届きました。段ボール箱を開けると、とうもろこしと枝豆がぎっしり「そのまま」（＝パッケージフリー！）入っています。送り主は、17年来お米と大豆を送っていただいている山形の生産者さん。無農薬無化学肥料で栽培されている貴重な存在です。毎年この時季になると、「自家用につくったものですけど食べてください」という手書きのメッセージとともに、山形の土地の恵みが届きます。地産地消やフードマイレージを考えたら、高知のお米を食べるのが順当なのですが、なによりも大事にしたいのが「つながり」。「心の距離の近さ」という見方もあると思うのです。

お昼すぎ、電話がかかってきました。「イノシシ獲れたけど、いりますか？」とおっしゃるのは同じ集落に住む方。「ほしいです！」と即答して大きな容器を用意して到着を待ちます。軽トラの荷台にはさばいたばかりの肉が置かれていて、「どれにする？　足？　背肉？」「どの部位でもいいです！」――そんな会話が繰り広げられます。足二本と背肉をいただき、友人にも少しおすそ分け。野生の肉はなかなかお店では買えず、しかも害獣駆除の産物。ありがたくいただきます。

そして午後。外から「服部さーん」の声が。出てみると、以前の家のお隣さんが「蜂の巣いる？」と立っています。趣味で養蜂をやっておられて、毎年蜜ごとの巣をくださるのです。野生のニホンミツバチの蜂蜜はうっとりするほどおいしい。ある時ふと「絞り終わった巣はどうするんですか？」と聞くと、「捨てる」とおっしゃるので、「蜜蝋を取りたいのでください」とお願いしたのでした。蜜蝋は、肌用のクリームにしたり、床用のワックスにしたりと重宝します（p.125）。「絞り終わったあとの巣だけど」と手渡された袋は、ずっしり5キロはあります。まだ蜜が残っていそうなので、蜂蜜をしっかり絞ってから、蜜蝋をとりました。

そして夜。夕ごはんを食べていたら、玄関から「服部さん」と小さなかわいらしい声が。振り向くと、裏に住まわれているご高齢の女性でした。手にはかごいっぱいのトマト。「たくさん採れたから。お子さんたちにどうぞ」とくださるのです。「わあ、うれしいです！」と慌ててざるを取りに行き、赤々と光るトマトを移し替えます。これもまたうれしいパッケージフリー。

こんな風に山のふもとのおすそ分けはダイナミック。自給自足はおぼつかなくても、ご縁からのいただきものには、むしろ驚きと喜び、感謝があります。いただいた素材でつくった料理や、つくりためたジャムなど、私たちもささやかなお礼をします。

こんな日のわが家の食卓には、いただきものでつくった料理が並びます。子どもたちは「これは誰がつくったの?」「誰にいただいたの?」と尋ねます。そして、知っている人がつくったものを食べられる幸せを感じるのです。

資本主義や消費文化とは別の豊かな道が、まだ世界にはたくさんあるに違いありません。そして、そんなギフトエコノミー的なあり方が、暮らしの中に息づいている土地で暮らしていることを、何よりありがたく思うのです。

ビーガン生活から雑食に

雄一郎

5年以上、わりに本気のビーガン生活（動物性食材を取らない菜食生活）をしていました。夫婦ではじめてみたら、どうやら体質に合っていたようで、子どもの頃から下痢気味だったのがピタリと止まってびっくり。菜食があまり一般的でない日本で、いろいろ工夫しながら菜食生活を続けていました。

菜食は、日本では健康面から語られることが多いですが、地球環境全体から見れば、エネルギー効率やエシカルの面で理にかなっています。

家畜は穀物を食べて育ちます。農林水産省発表の数字によれば、牛肉1キロを生産するには11キロの穀物が、豚肉1キロを生産するには7キロの穀物が必要になるとか（ちなみに鶏肉1キロには4キロの穀物）。つまり、肉を消費すると、それだけ多くの穀物を消費することになり、それが世界の食糧生産を圧迫する要因にもなっていると言われます。

また、現代の畜産業にはアニマルウェルフェアの問題があることも、最近はよく知られるようになってきました。生まれた時からケージに閉じ込められ、お互いを攻撃しないように嘴《くちばし》や角を切られ、人工的な飼料で不自然に太らされ、ホルモン剤や抗生剤も投与されて、あっという間に食肉加工されて一生を終える動物たち。そんな畜産業の形に異を唱えて肉食を避ける人も、欧米では普通にいます。菜食を選ばないまでも、多くの現代人が知るべき現状だと思います。やはり、みんなが安い肉をこんなにも求めるからこその結果ですから。

そんな中、自然あふれる高知にやって来たわが家。そこで待ち受けていたのは、裏山で獲れたという鹿やイノシシ、近くの清流で獲れた川魚、ご近所さんが釣ってきた魚などの生きとしたローカルな恵みたち。町内の農家さんの放し飼いの卵や、隣町の放牧の牛乳も手に入ります。市場に流通する畜産物とはまったく違う、現代としてはかなり理想に近い肉食の形。遠くの工場でパックされた有機豆乳や大豆ミートよりも（それはそれでおいしいのでこれからも食べますが）、これらの土地の恵みを受け取るほうが「ずっとしっくりくる」と感じたことで、わが家の菜食生活はあっけなく終焉を迎えました。

大人の体調面だけを言えば、実は「菜食のほうがいいかな？」と今も感じるのですが、子どもたちは肉や魚や卵が大好きだし、社会的にも、食文化的にも、今のわが家には「適度な雑食」がバランスがいいように感じています。量が多くなりすぎないように気をつけつつ、そして、肉食の裏にある問題も意識の端に留めつつ。時には市販の肉の恩恵にも預かりながら、「多少配慮したたのしき雑食生活」を満喫しています。

魚はどう？

　ここ高知は日本有数の魚天国。長男が大の魚好きとあって、わが家では魚を日常的に食生活に取り入れています。ただ、本当のことを言えば、魚もかなり問題を含んでいます。乱獲による減少、目的外の魚が漁具にかかって大量に捨てられる混獲、大型魚を中心とする重金属等の汚染、漁具の投棄によるプラスチック汚染問題やゴーストフィッシング問題など。やはり、魚とて「安易には」食べられない。大切な存在として、特別な存在として、心していただきたいと思っています。

わが家の定番、「親鶏のひき肉」

　「廃鶏《はいけい》」の問題はご存じですか？　卵を産む鶏が、採卵量が落ちてくると、効率性の観点から廃棄処分されてしまうという問題。肉が硬すぎて、鶏肉としての市場価値も低いのだそう。そんな「親鶏の肉」を販売される意識的な生産者さんが増えています。

　確かにものすごく硬いので料理方法は選びますが、ひき肉なら違和感は最小限。噛み応え抜群（！）ですが、慣れてくると、逆に普通の鶏ひき肉がやわらかすぎて不自然に感じられてくるほど。とびきり味わい深い「親鶏の肉団子入りのスープ」は、寒い冬に欠かせないわが家の定番です。

好きな調味料

麻子

好きな調味料は?と聞かれたら、「梅酢」と答えます。毎年梅干しをつくる時の副産物なのですが、わが家では梅干しより活躍しているかもしれません。梅酢の一番パワフルな点はその防腐効果です。梅雨時から夏にかけては食べ物が傷みやすい時季。そんな時、炊き立てのご飯にスプーン一杯の梅酢を加えると、傷みがかなり防げます。

おむすびの手水にも梅酢を使います。ラップでつくれば傷みにくいとも聞きますが、プラスチック問題(ごみや添加剤)を考えるとできるだけ使用量を減らしたいところ。それに、おむすびは手でにぎるほうが断然おいしい。梅酢だけでは塩気が弱いので、塩もつけてにぎります。

すし飯にも、梅酢を使います。すし酢は、「酢+砂糖+塩」の組み合わせなので、「酢+塩」の一部を梅酢に置き換えて。梅酢は酸味より塩気のほうが強いので、味を見ながら調整します。野菜の塩もみも梅酢で。淡い酸味がついて、普通の塩もみよりも風味が出ます。大好物のポテトサラダにも、じゃがいもをつぶす時に梅酢を少し入れると、マヨネーズの量が少なめで済み、さっぱりと、充実感のある仕上がりになります。

真夏になったら、水や梅ジュースに梅酢をたらして飲みます。塩分とクエン酸の効果で、夏バテ防止、塩分補給にもなります。自家製スポーツドリンクのようなものですね。子どもたちも自分でつくってよく飲んでいます。梅酢は市販のものも手に入るので、ぜひ食生活に取り入れていただきたい調味料です。

油も立派な調味料。オリーブオイルはスペイン産オーガニックの「チャンベルゴ」を15年以上使っています。ごま油は決まった銘柄はありませんが、質の良いものを選びます。油を少なめに、という風潮もあるようですが、わが家では必要に応じてたっぷりと。信頼できる原料と製法の油は、体にも良いと思っています。

サラダには、オリーブオイルを回しかけてから梅酢。あるいはごま油＋梅酢＋醤油。いずれも器にたっぷりと盛ったサラダの上から回しかけ、ざっくりトングで混ぜるだけ。ドレッシングをつくる手間もありません。旬の野菜を大量にいただいた時は、つぶしたにんにくと野菜を鍋にぎゅうぎゅうに入れて、オリーブオイルを多すぎるかな、と思うくらいに回し入れ、塩と水少々を加えてオイル煮にします。このまま野菜の一皿としてもいいし、パスタと和えてもシンプルでおいしい。

青菜がたくさん採れたら、断然ナムルに。湯がいて絞った青菜を切ってボウルに入れ、醤油をひと回ししてから八割がた絞ります。「醤油洗い」といって水っぽさが抜けてきりっとした味になります。ごま油、醤油、好みで少量のおろしにんにく、すりごまを加えたナムルはしみわたるようなおいしさで、あっという間になくなります。

50センチほどの中型魚をさばいて調理することが多いのですが、さばいたあとのアラの部分はオリーブオイルでさっと焼きます。お刺身はカルパッチョに。よく冷やした皿に、にんにくをこすりつけ、オリーブオイルを敷いて、塩を振ります。お刺身を並べてから、もう一度オリーブオイルを回しかけ、塩、胡椒、それに香りづけの醤油をひとたらし。あればイタリアンパセリのみじん切りを。おいしいオリーブオイルを使うことで、上等なイタリアンレストランさながらの仕上がりになります。あるいは薄切りにしたお刺身をごま油と醤油で和え、刻んだ小葱やパクチーと混ぜてご飯にのせればとびきりおいしいどんぶりに。

わが家にある油は、圧搾絞りの菜種油、オリーブオイル、ごま油だけ。鮮度と味が比例するので、早めに使い切れるように、種類は少ないほうがいいと思います。上質な油があれば、どんな素材も簡単でおいしい一皿になる。日々「あるもの」で料理をし続けていくと、その思いが年々強まります。

わが家の保存食

麻子

わが家の保存食は「材料を買わない」のが特徴。たくさんいただいたもの、採らせていただいたもの、自分の畑で採れたものでつくります。

以前は、和歌山から梅干し用の梅を取り寄せていましたが、今は梅の季節になると、「採りにおいで」とお声がかかるのを待ちながら、そわそわと過ごします。梅酢もとれるので、梅干しづくりは一石二鳥。来年の目標は梅干し用の赤紫蘇を畑で育てることです。

麹は数年前まで購入していましたが、遠くからクール便で送っていただくのも……と思い、麹菌とお米でつくってみたら、時間はかかりますが、思ったよりずっと簡単にできました。味噌用に使ってまだあまっていたら、甘酒もつくれるというおまけつきです。

最近のヒットは「豆板醤」。友人が「空豆が採れすぎたから、今豆板醤を仕込んでる」と言うのを聞いて、「豆板醤ってつくれるの？」。材料は意外なほどシンプルで、空豆、麹、唐辛子、塩。これを味噌づくりと同じ要領で仕込むだけ。こんなに簡単にできるものとは思いませんでした。アンチョビも、高知の特産きびなごを塩に漬けて常温に置くだけで、簡単にできます。らっきょうは、ご近所で掘らせていただきます。下処理にかなりの手間がかかりますが、その時季だけの醍醐味。大変すぎない量に……と思いながら、いつも欲張ってしまいます。

高知はゆずの産地。毎年10キロほどを、砂糖漬けや塩漬けに。砂糖漬けは韓国の「ゆず茶」と同じ方法で、ゆずを薄切りにして、砂糖と交互に保存瓶に重ね入れ、常温で寝かせるだけ。底に沈んだシロップ部分は飲み物に、ゆずの部分はマーマレードになります。一年以上寝かしたヴィンテージマーマレードはバターケーキに焼きこんだら驚くほどのおいしさで、このケーキのためにたくさんゆずの砂糖漬けを仕込もうと思うほど。塩漬けにしたゆずは、「アチャール」というインドのスパイシーなペーストに。8種類ほどのスパイスを使った複雑でパンチのある添え物です。

高知では、自分の家で採れたゆずを、木製のシンプルなゆず搾り機で搾って一升瓶に詰め、「ゆの酢」と呼んで一年中使います。「酢」と呼びますが、100%ゆず果汁。これをすし飯や酢の物にふんだんに使います。初めてゆず酢をいただいた時、なんて贅沢なんだろう！と思ったことを覚えています。目下の夢は、庭に植えたゆずで、ゆず酢を搾ることです。

普段の食卓に招く

麻子

特別なおもてなし、ということはあまりしません。むしろ「普段のごはん」に気軽に誘うことが多いです。一番好きなのは、「思い立ってその日のごはんに招くこと」。近くに住んでいる人、フットワークの軽い人、突然の誘いを喜んでくれる人の顔を思い浮かべて、連絡をします。

「鹿肉をたくさんいただいて、煮込みをつくったから食べに来ない?」ということもあれば、「何もないんだけどよかったらごはん食べに来ない?」ということも。掃除は最小限、見苦しくない程度に。料理は到着の1時間前からはじめます。とりあえずご飯を炊いて、あとは手元にある素材を使って、思いつきにまかせてシンプルに料理します。

ある日のメニューは

- 大量につくった鹿肉の煮込み
- 畑のパセリのバターライス
- たくさんいただいたレタスのサラダ

そして、遠方からの来客であってもこんな感じです。

・中華おこわ（具は干し椎茸と人参だけ）
・玉ねぎのみそ汁
・キャベツのフライパン焼き（8等分に切って、フライパンで焼くだけ）
・自家製らっきょう

さすがに地味すぎるかな……と思うけれど、一番のごちそうは「テーブルを囲んで、一緒にたのしい時間を過ごすこと」。お客さんが到着した時点で準備ができていないこともしょっちゅうですが、そんな時はキッチンに丸椅子を置いて、「ここに座って私とおしゃべりしてね」とお酒かお茶を手渡すか、「手伝ってくれる?」とお願いして一緒につくります。私にとっても友人にとっても「非日常」の時間になります。

おもてなしのルールは「普段の延長線で」「準備の時間も一緒にたのしむ」。そうすれば、どんな時でも軽やかにごはんにお誘いできます。一緒に過ごす、一緒に食べる、おしゃべりする、それが目的なのだから、招待のハードルはどこまでも低く。どんなごちそうでも、どんなに質素でも、一緒に過ごす時間は変わらずうれしい。そんな風に思っています。

Column

味から知ったオーガニック

雄一郎

大学の同級生だった麻子さんは、在学中から料理好き。勉強そっちのけで、家でタコスやクレープをつくってきては授業の合間に友人に配り歩いたり、「秋のお食事会」と銘打った盛大な持ち寄りパーティを大学構内で開いてみたり。卒業後まもなく一緒に暮らしはじめてからも、食は常に暮らしの中心にありました。

「もっとおいしいものを！」という貪欲さで、20代前半はデパ地下や高級スーパーで世界の食材を買い集めていました。そんな中、ある料理上手な友人がいて、彼女の使っている野菜がなぜかすごくおいしい。肉もびっくりするほど味がいい。聞けば、野菜は無農薬農家さんから直接取り寄せていて、肉や調味料などは「生活クラブ」という生協で買っているという。「何だそれは!?　自分たちも試してみよう！」

──というのが、わが家の「オーガニック」や「無添加」との一番最初の出会い。より意識的な生活を心がける第一歩となりました。決め手は「味」。「味から知ったオーガニック」でした。

生活クラブ生協に入ってからは、毎週カタログ片手に注文するのがたのしみになりました。おいしい食材目当てで加入しましたが、生活用品や衣類に至るまで、実に幅広い品目が紹介されていて、そのひとつひとつの紹介文に目を開かされ、「自然素材」「化学物質フリー」など、新しい世界がどんどん広がっていきました。リユース瓶（リターナブル瓶）を活用した合理的で機能的なシステムにも心酔しました。

引っ越しを重ね、今は生活クラブ生協のない高知にいますが、この「日々の買い物を通して学ばせてもらった」経験は、自分たちのひとつの大きな核になっていると感じます。

変化のための小さなアクション
【食編】

- □ シンプルな食事をたのしむ
- □ おすそ分けをしてみる
- □ より近い場所でつくられた食材を選ぶ
- □ 今あるもので料理してみる
- □ 動物性食材について考える（頻度、飼育方法）

服部家の やってみたいこと

味噌用の大豆や麹用の米の一部を自分で育てる

（麻子）

ローカルな小麦粉でパスタや麺を自分で打つ

（雄一郎）

2
台所まわり

食材の買い物

麻子

食材は把握できる分だけ買い、使い切るようにしています。冷凍庫には、基本的にかつおぶし、にぼし、食パン、納豆と氷だけ。

野菜や果物は、畑のもの、おすそ分けのもの、近所の生産者さんから直接購入したものでまかなう生活で、お店で買うことはまれです。卵は月に一度、生産者さんのところに容器を持参し、まとめて50個買わせていただきます。醤油、酢、油、酒などの調味料は、一升瓶で購入します。

お米と豆類は生産者さんから、パンは『捨てないパン屋』（清流出版）のドリアンさんの定期便が中心。納豆は山形の「豆むすめ」さんから数カ月に一度、友人たちと共同購入しています（p. 95）。どれも、「買う」というより「つくっている方からゆずっていただく」という感覚です。

農業従事者の高齢化が進み、日本の食料自給率はカロリーベースで37%*とも聞きます。私たちが外国のものを安く買おうとすればするほど生産者さんは採算がとれなくなり、農業離れが進み、結果自給率が下がってしまいます。

その意味で、「日本の食糧をつくってくれている生産者さん」に適切な代金を渡していくことを常に大切に考えたいと思います。もちろん、オリーブオイルやドライフルーツなど外国産のものもまだまだ使っていますし、そのあたりは「生活と気持ちのバランス」で。

スーパーでの買い物では、できるだけ期限が近いものを選びます。期限切れの商品は処分され、食品ロスにつながります。賞味期限や消費期限が切れても問題なく食べられるものは多いし、特に賞味期限はあくまでも「おいしく食べられる目安」なので、最終的には自分で判断します。

たとえば牛乳が消費期限間近で割引になっていたら、多めに買って、ここぞとばかりにプリンやホワイトソースをつくります。子どもたちは大喜び、ごくささやかですが、貴重な牛乳の廃棄を減らせます。

とは言え、魚のように鮮度が命の食材も。「すべてこうする」と決めるよりも、「その時どきで判断する」ことも、自由な気持ちで続けていくために大事だと思っています。

*令和2年度農林水産省資料より

食材の保存

雄一郎

つくり置きのおかずや使いかけの食材の保存には、ガラス瓶をフル活用しています。透明で中身が見えやすいのが最大のメリット。冷蔵庫に並んでいても、中身がひと目でわかります。並べた時、カラフルできれいに見えるのも魅力です。

一番のお気に入りは、ドイツのWECK《ウェック》のキャニスター。ガラスのフタをただのせるだけ、というシンプルで過不足ないデザイン。必要なら、天然ゴムのパッキンと止め金でしっかり密閉することも可能。一般的な瓶と違って、フタ裏にプラスチックもついていないので（これが食品に触れることによる内分泌かく乱物質のリスクも指摘されている）、完全プラスチックフリー。さすが環境先進国ドイツです。

ステンレス製の弁当箱も保存容器として活躍します。弁当箱ならではの横長の形状は、ちょっとしたおやつの残りなどを入れておくのに便利です。

琺瑯容器も活用していますが、プラ製のフタはにおいがつきやすく、古くなるとベタついてくるので、これから新しく買い足す時は、フタも琺瑯製を選ぶつもりです。琺瑯は、スープなどを入れてそのまま火にかけられてとても便利です（焦げやすいので注意）。

できあがった料理を冷蔵庫に入れておく場合は、お皿にボウルなどをかぶせて、そのまま冷蔵庫へ（ケーキなども同様）。逆に、ボウルで下ごしらえしたものは、平たいお皿をかぶせて冷蔵庫へ。野菜類の冷蔵保存には蜜蝋ラップも大活躍。大きなサイズのパンを保存する時は、小麦粉や砂糖が入っていたジッパー式の袋を清潔に保管しておいて再利用します。

いわゆる食品用ラップフィルムやフリーザーバッグは、なくてもまったく困りません。冷凍保存に頼らないせいもあるかもしれません。電子レンジもないので、ご飯は冷蔵保存して、蒸し器であたためています。

台所まわりのプラスチックフリー

雄一郎

台所用品のプラスチックフリー化はとても簡単です。

わが家は、特にプラスチックフリーを意識していなかった頃から、木製、ガラス製、ステンレス製の道具を好んで使っていたので、昔も今もプラ製の台所用品や調理器具はほとんどありません。プラスチックは壊れやすいし、汚れもつきやすいので、耐久性の面でも、美観の面でも、台所まわりのプラスチックフリーは理にかなっています。

わが家の台所でプラ製のものと言ったら、せいぜいサラダの水切り器（これはプラ製以外のものがどうしても見つからない）、シリコーン製のゴムべら、あとは冷蔵庫やブレンダーなどの電化製品や、省エネ効果抜群の保温調理器くらい。

保存にもガラス瓶などを駆使し（p.44）、ラップフィルムやフリーザーバッグは使いません。キッチンカウンターもステンレス製なので、台所まわりのプラスチックフリー化はかなり満足のいく状態です。

日々の器

雄一郎

夫婦揃って器が好きで、20代前半の頃から日常的に作家ものの器を使っています。しかし、問題は麻子さんがＡＤＨＤ（注意欠如・多動性障害）傾向であること。高価な器がどんどん欠けていってしまうのです。最初の頃は泣く泣く処分していましたが、いつしか金継ぎに頼るようになりました。最近は、高価な金ではなく、より手頃な「漆継《うるしつ》ぎ」で継いでくださる方のお世話になっています。金も美しいですが、漆の落ち着いた色調がこれまた美しく、まるで骨董のような風情を醸すことに驚かされます。丁寧に継いでいただいた器は、わが家の家宝。もはやほかでは手に入れることのできない、唯一無二の存在です。

子どもたち用には、割れる心配のない器を。インドから持ち帰ったステンレス製の器、金工作家さんのアルミの皿。アアルトやジノリの業務用など厚手の食器も安心感があるので、よく使っています。

作家ものの器は、値段が高いと躊躇《ちゅうちょ》する人も多いようですが、高いと言ってもほとんどは数千円で、しかも長持ち。言わば「毎日使える工芸品」として暮らしを数段豊かにしてくれる、わが家に欠かせない存在です。

竹ざるの魅力

麻子

好きな道具は?と聞かれたら迷わず「竹ざる!」と答えます。

わが家には様々な竹製品がありますが、その中で一番シンプルな、直径25センチほどの竹ざる。どこかの古道具屋さんで500円ほどで買ったか、あるいはどこかで「もういらないから」とゆずっていただいたか、どちらかだと思うのですが、もはや思い出せません。

風通しがいいのがざるの利点。じゃがいもや玉ねぎなどの野菜を入れて台所の隅に置いたり、洗った器やカトラリーが乾くまでの一時置き場にも。たくさんいただいた果物を入れると、季節の風景が生まれます。野菜や薬味を収穫する時の収穫かごとしても重宝するし、野草を摘む時にも蒸れないので安心です。特に花はやわらかく繊細なので、竹ざるの中だと居心地よさそうに見えます。

パン屋さんに行く時は、竹ざるにクロスを入れて持っていきます。パンを直接竹ざるに入れて、ふわりとクロスをかければ、軽やかにパッケージフリー。ご近所へのちょっとしたおすそ分けの時も、竹ざるに入れれば、持って歩くのもたのしい時間に。畑仕事には、お弁当、お箸、おやつ、水筒を竹ざるに入れて持っていきます。机仕事の最中に文房具などをまとめて入れるのにも便利ですし、お皿の上に伏せれば、ほこりよけにも。もちろん、野菜を洗う時のざるとしても使えます。

何より軽いのがいいです。さっと洗えて乾きやすい。美しいので、目に入るたびにすこぶる気分が良く、これほど緻密に美しくつくられた道具がほかにあるだろうか、と思います。壊れたら、竹細工の職人さんに修理をお願いすることもできるし、修理できないくらいまで使い尽くしたら、最終的には土に戻せます。また、竹は再生力が高いので、素材としてもサステイナブル。

永遠にお伝えできそうな竹ざるの魅力。大きさも形もいろいろなので、ぜひ暮らしの中に取り入れていただきたいと思います。

Column

私の好きな台所道具

麻子

台所道具は、長いものはもう20年ほど使っています。当時憧れていた料理家の方が薦めていたグローバルの包丁やクリステルの鍋、柳宗理のボウルやお玉は、20代前半に購入しましたが、今も現役です。

まな板はオリーブやひのきのものを使っています。高知は高温多湿なので、ひのきのものは、数年に一度新調します。真新しい木肌は、やはりうれしいもの。しかも畑や庭に埋めればいつかは土に戻ります。

気に入っている台所道具をいくつか紹介します。

1. 盆ざる（竹製・金属製）……普通のざるより底面積が広いので、ゆであがった青菜を重ねずに広げられます。金属製のものは揚げ物を置くのにも便利。蒸し器の中に置いても重宝します。

2. インドの乳鉢……インドで購入した大理石製。黒こしょうをつぶすのに使っています。あらびきから粉状まで自由自在で、香りも良く立ちます。にんにくや生姜、スパイスをつぶすのにも便利です。

3. ゼスター……カリフォルニアに住んでいた時に入手したマイクロプレイン社の傑作。レモンの皮のすりおろし感は感動的。少量のパルミジャーノやナツメグ、シナモンスティックなど硬いものにも使っています。

4. おろし金用竹ブラシ……おろし金の目に詰まった生姜などを取るのに使います。近所に住む竹細工職人さんの繊細で美しい手仕事。価格も良心的で、「これは消耗品ですから」の言葉に感動。

5. 大きな琺瑯バット……大量の南蛮漬けをつくる時、おむすびをたくさんつくる時。じゃがいもやかぼちゃを一口大に切って、オリーブオイル・塩・にんにくをまぶしてそのままオーブンへ。8人前のグラタンやドリア、ラザニアも。道具としても、器としても優秀です。

脱スポンジの食器洗い

雄一郎

食器洗いには、もう10年以上「びわこふきん」を愛用しています。洗剤を使わずにお湯だけで食器が洗える、ロングセラーのガラ紡のふきん（コットン１００％）。食器用洗剤がいらなくなり、台所がシンプルに。「手荒れも減る」と評判です。しかも、木綿のふきんなので洗濯機で洗えます。しっかり乾かしてから使えるので、常時湿っている一般的な台所スポンジよりもずっと清潔。熱湯消毒や煮洗いもできます。

油ギトギトの肉や魚、揚げ物の食器も、お湯で洗えば大丈夫。ただ、洗剤を使う場合のように「スッキリ、ピカピカ」にはなりにくいので、気になる場合は、重曹や石鹸を少しつけて洗うといいかもしれません。ちなみに、わが家の秘密兵器は「パスタのゆで汁」。これが洗剤顔負けのすぐれもの。食べ終わったパスタ皿など、このゆで汁をかければ、一撃で汚れはピカピカに。あとは、びわこふきんでやわらかくほんのひと撫でするだけです。うどんや麺類のゆで汁、野菜のゆで汁にも似たような効果があるので、わが家はどれも「洗剤代わり」として大いに活用しています。

その他、根菜や鍋の汚れなどをこするために、ヘチマスポンジや亀の子たわしも活用しています。どちらも自然素材。特にヘチマは「植物そのまんま」で、その完璧な美にはいつも感動させられます。シンクや焦げた鍋用にはステンレス製の金たわしを使います。

そんなわけで、わが家のシンクまわりは、楽々完全プラスチックフリーです。

都会育ちの人はほとんど意識する機会がないかもしれませんが（かく言う自分もそうでした）、台所排水を汚さないことは大切です。特に郊外や田舎は下水道が整備されていない地域も多いです（以前住んでいた葉山町も、首都圏なのにまだ普及率70%くらい）。戸別の浄化槽の設置も進んでいますが、徹底はされていないため、古い家や借家を中心に、「台所や手洗いの排水はそのまま川に垂れ流し」というケースもままあります。

わが家が住む地域も下水が整備されておらず、いろいろ考えた末に台所排水は庭で敷地内浄化しているのですが（多孔質の軽石で分解を進め、植物に油分などを吸い取ってもらい、最後は土にしみ込ませる）、それも洗剤を使わないからこそできること。下水道や浄化槽だって、汚水を完璧に浄化してくれるわけではないし、多くのエネルギーを使うので、やはり汚さないに越したことはないと思います。

愛するヘチマ

雄一郎

ヘチマのすべてを愛しています。

1. 庭で育てられる
2. 庭に捨てられる
3. いろいろな用途に使える
4. スポンジへの加工も簡単
5. カットすれば石鹸置きに
6. カビにくい
7. 汚れにくい
8. 熱湯消毒できる
9. うっとりするような自然の造形美
10. 野菜として食べることもできる

……探せばもっとあるかもしれませんが、このくらいにしておきます。

最大の美点は、「庭で育てて、庭に捨てられる、完全循環型のスポンジ」であること。工業製品の石油系スポンジが主流の現代にあって、ほとんどおとぎ話のような、ウソのような本当の話です。しかも、丈夫な植物なので世話いらず。初心者でもまったく問題なし。グリーンカーテンにも最適で、集合住宅のベランダでも栽培可能。

スポンジへの加工は、いろいろな方法があるようですが、わが家は茶色くなった実を収穫し、「単に放置」。カラカラになった実の皮を手でバリバリと剥くと（子どもにやってもらうのがおすすめ）、驚くなかれ、中の繊維がそのままヘチマスポンジの完成形になっています。種は来年のために保管します。ゴーヤと違って近所で手に入りにくいので、友人へのおすそ分けにも重宝します。

用途は、洗面台の掃除、浴槽の掃除、食器洗い、根菜の泥落としなどオールマイティー。いくらあっても損はない。たくさん育てて、親戚中のスポンジの自給をするのがわが家の夢。遠方の友人に贈る時は、〝宅配便の緩衝材代わり〟に詰めても。

生ごみは土に還す

雄一郎

生ごみは、燃えるごみには出さず、必ず土に還します。使いやすいのはコンポストですが、ただ土に埋めるだけでも、微生物が自然の力で跡形もなく分解してくれます。ごみは激減しますし、何よりごみ箱がにおわなくなり、とても快適です。

生ごみは、出た直後はただの「野菜くず」や「料理の残り」。きれいならうちにコンポストに入れてしまえば、三角コーナーのぬめりともおさらばです。

よく「骨は入れてはいけない」とか「玉ねぎの皮は分解しない」などと言われますが、それは分解に時間がかかるというだけのこと。わが家は庭も広いので、臆せずすべて土へ。腐ったもの、かびたもの、揚げ油の残りだって、土はすべて受け止めてくれます。自然ってそういうものです。

仕事柄、いろいろな種類の生ごみ処理を試してきましたが、「生ごみが消えるタイプ」「堆肥ができるタイプ」「虫が絶対湧かないタイプ」などそれぞれ特徴があります。マンションのベランダでもできる「ベランダdeキエーロ」「段ボールコンポスト」「LFCコンポスト」などもありますので、ご自身のニーズに合ったものが選べます。生ごみをごみ箱に入れない生活は、人生が変わる快適さ。ぜひ体験してみてください！

Column

生ごみだけじゃない、何でも土に還す

雄一郎

土に還るのは生ごみだけではありません。木材、天然繊維、液体。ありとあらゆる自然素材を、土は受け止めてくれます。

たとえば割りばしや竹串も、わが家では生ごみと一緒に土へ。木綿の「びわこふきん」も、切り刻んで埋めれば大丈夫*。

もちろんすぐには分解しないし、“理想的”ではないかもしれない（特に借家の方はご注意を！）。でも、土が分解してくれるものをわざわざごみ袋に入れて、収集車に遠くまで運んでもらって焼却炉で燃やすのは、やっぱりバランスが悪い気がするのです。だから、土が分解してくれる自然素材のものは、できるだけ土にお任せします。

ペンキの廃液も土に埋めます。だから、使う場合は「アウロ」や「リヴォス」などの自然塗料を選びます。自然塗料とは言え、土にいいとは思えないので、あまりいい気持ちはしません。でも、いつも思い返すのは、ある知人のマダムの話。ごみに詳しいその方は、友人から「中身の残っている化粧品」の処分方法を質問され、「庭に流せば？」とアドバイスしたそうです。「え、だって、化学物質は土によくないでしょ？」と逡巡する友人に、「あなた、土に埋められないようなものを肌に塗りつけてるわけ？」と返したとか。

このエピソードはことあるごとに思い出します。そして、できる限り「安心して庭に埋められそうなもの」を選び、庭に埋めたくないものは買わないように心がけています。

＊布製品は、布地が天然繊維でも糸がナイロン、という場合も多いので注意が必要。

変化のための小さなアクション
【台所編】

- □ 賞味期限の迫ったものから買う
- □ 買い物は少なめにして使い切る
- □ 生協への加入や、生産者さんからの直接購入を検討する
- □ ガラス瓶や琺瑯容器、蜜蝋ラップなどを試す
- □ びわこふきんやヘチマスポンジを試す
- □ ラップ代わりにお皿をかぶせる
- □ 台所用品を買い替える時は、天然素材の長持ちするものに
- □ パスタのゆで汁でお皿を洗ってみる
- □ 生ごみ処理について調べる

服部家の
やってみたいこと

ヘチマをたくさん育てて、スポンジを
親族・友人に広く配布する
（雄一郎）

買い物をしないで何日暮らせるかチャレンジしてみる
（麻子）

3
家事も循環

ごみは減るもの

雄一郎

ごみというものは驚くほど減ります。僕は町役場のごみ担当職員になった時、「減らそうと思ったわけでもないのに、燃えるごみが５分の１以下に減ってしまった」ことで、その後の人生が１８０度変わりました。

当時はごみに寸分の興味もなかったのですが、初日から分別の問い合わせの電話が容赦なくかかってくるので、「まずは質問に答えられるようにしないと……」と、とにかく大慌てでごみの分別ルールを暗記しました。そして、「ごみ担当職員が分別違反をするわけにはいかない」と、自宅でもきちんと分別するようになりました。また、見たことも聞いたこともなかった「生ごみ処理」の補助制度の担当にもなり、「これは自分でもやってみないと埒《らち》が明かない」と、自ら補助制度を使い、庭で人生初の生ごみ処理に挑戦しました。

すると、２週間経っても、３週間経っても、ごみ箱がいっぱいになりません。週２回出していたはずの燃えるごみが、文字通り消えてなくなってしまったのです。

「ごみって本当はこんなに少ないのか！」とびっくりしました。実は、燃えるごみの半分近くは生ごみなので、生ごみ処理をするだけでごみは半減します。さらに、「ミックスペーパー」や「容器包装プラスチック」など、それまで何となく燃えるごみに入れてしまっていたものをきっちり分別したことで、「驚きの８割減」が意図せずに達成されたのです。

あとに残ったのは、ガムテープや宅配便の伝票、絆創膏、綿棒、ヨーグルトの紙パックなど。ごみ箱は１カ月経ってもいっぱいにならず、生ごみがないので夏場の臭いともさようなら。ごみの少ない生活の快適さに、僕はすっかり魅せられてしまいました。

一方、職場ではごみ処理の裏側を知りました。轟音と腐臭にまみれた焼却炉は社会の暗部そのものだったし、議会ではごみ処理費の多さが大問題となり、住民から猛烈な批判が巻き起こっていました。老朽化した焼却炉の性能低下、施設の建て替えへの反対運動など、想像もしなかった深刻な舞台裏に慄《おのの》きました。

「こんなに簡単にごみは減るのにな……」と思わずにはいられませんでした。こんなに簡単に減るものを（それまでの自分も含めて）ほとんど誰も減らそうとせず、その結果、こんなにもたくさんのごみが出て、こんなにも巨額の処理費がかかり、みんなが怒っている。「何かが間違ってるよなあ」——ごみ問題に目覚めた瞬間でした。

今、わが家の普段のごみの量は、「燃えるごみ」は１カ月に１度、ごみ出しをするかしないかくらい。「燃えないごみ*」はたぶん半年に１度くらい。「容器包装プラスチック」も１カ月に１度くらい。平均的なお宅に比べるとかなり少なめだと思いますが、「ありえないほど少ない」わけではありません。特に「燃えるごみ」は、もっと少なかった時期もあるので、今はむしろ多め。子どもたちに無理が生じないように、意識して少し緩めています。

この程度の減量は、その気になれば、本当に簡単です。①生ごみ処理をして、②資源物をルール通りに分別し、③少し生活を整えるだけ。「紙おむつが大量に出る」とか「ペットのごみが出る」などの事情がない限り、多くの方が無理なく達成できると思います。

あとはゲーム感覚。ごみにワクワクできるって、本当にお得な人生です。減れば減るほど、地球環境にも貢献。この醍醐味、ひとりでも多くの方に味わっていただきたいです。

*「不燃ごみ・燃えないごみ」については各自治体によって分別方法が変わります。お住まいの地域の分別ルールをご確認ください。

ごみを減らす「5つのR」

ごみで大切なのは「リサイクル」よりも「発生抑制」。リサイクルはエネルギーを食うので、リフューズやリデュースなど、「ごみをそもそもつくらない／減らす」ほうが優先度は高いです。余計な消費を減らし、持ち物を減らし、上質なものを繰り返し使い、すっきりシンプルに暮らすこと。これがごみ減量の神髄です。

1. Refuse（＝断る／受け取らない）
2. Reduce（＝数・量を減らす）
3. Reuse（＝繰り返し使う／使い捨てない）
4. Rot（＝土に還す）
5. Recycle（＝リサイクル）

↑ より大切

↓ 減らしたい

✕ 焼却・埋立（＝最終手段）　← 避けたい

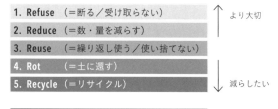

〝地球のため〟のごみ拾い

雄一郎

ゼロウェイストやプラスチックフリーというと、つい〝家の中のごみをどう減らすか〟ばかり考えてしまいがちですが、昨今の世界的なプラスチック汚染の現状を思えば、〝他人のごみ〟を拾って、地球全体の汚染を減らすのも同じくらい重要です。

日本は世界的に見ればポイ捨ての少ない国ですが、それでも、よく見れば、道端にも、海岸にも、びっくりするほどたくさんのごみやプラスチックが落ちています。それらは、誰かが拾ってごみ箱に入れない限り、風に飛ばされて海へ行ってしまう。阻止するには、みんなの人海戦術で、片っ端から拾ってごみ箱に入れるしかありません。

マナーの悪いごみには腹も立ちますが、「捨てた人のため」ではなく、「地球のため」と思うと、前向きな気持ちになれます（ある方から教えていただいたプラス思考）。子どもと一緒に拾うと、教育的効果もプラスされるので、やり甲斐もアップ。

僕が子どもの頃、ごみ拾いは〝美化のため〟でした。でも、今は〝地球環境のため〟。もちろん、すべてのごみを拾うことはできませんが、余裕のある時に数個拾うくらいは何でもありません。無理のない範囲で続けていくと、意外に心地よい習慣になります。

地球人として取り組む、地球のためのごみ拾い。輪が広がるといいなと思います。

家事分担のルール

麻子

家事は「お互いができるだけ苦手なことをせずに済むように」分担しています。たとえば私は「子どもの学校関係」「食器を拭いて片づける」「ネット関係」が不得意です。夫は「車関係」「草刈り」「虫」「不潔なもの」が苦手。

自分が苦手なことは相手にやってもらい、あとは全体のバランスで。私が料理をして、夫はおやつをつくります。洗い物は私、拭いて棚にしまうのは夫。洗濯は家族が各自でやります。掃除と整理整頓は二人とも苦手。日常的には必要最小限でよしとして、来客やイベントの時は、二人で勢いをつけてやります。買い物と振り込み、家計簿入力は私、確定申告と子どもの相手は夫。ご近所付き合いと電話応対は私、授業参観と運動会、ＰＴＡは夫など。

暮らしの中では、細々としたこともたくさんありますが、「気づいたほうがやる」「余裕のあるほうがやる」「相手も自分も責めない」ことを心がけています。とは言え実際は、お互いに苦手なことは見て見ぬふりをしたり、余裕のない時には「私ばかりごはんをつくって、ほかに何もできない！」と爆発したりすることも。

子どもの役割は、自分の服の洗濯、自室の整理、食事の時に食器を並べ、終わったら片づけること。小5の娘は毎朝早起きして弟と二人分の朝食をつくって登校してくれています。

理想形にはなかなかたどりつけないし、バランスもしばしば崩れがち。正直、日々カオスの連続です。というわけで、「みんなで補い合ってなんとか今日一日を乗り切る！」という気持ちで、子どもたちにも協力してもらいながら日々やりくりしています。

子どもも立派な即戦力

雄一郎

サステイナブルに暮らすためには、家事の負担軽減は重要課題。わが家では、時間を持て余しがちな子どもたちにも家事の一部を担ってもらい、負担軽減に大いに寄与してもらっています。

小学生だって、全自動洗濯機があればスイッチひとつで、自分の服の洗濯くらいは朝飯前。料理だって、レタスをちぎればおいしいサラダがつくれるし、ゆで卵にトースト……ぴっくりするほど素敵な朝ごはんがつくれること請け合いです。

親は大助かり。子どもにとっても、家事を自分でやることはサステイナブルライフの貴重な学びとなります。なぜって、暮らしを改善しようとすれば、結局は「家事力」が大きくものを言うから。子どものうちからどんどん家事をして、万能感を高めて、変化の起こせる大人に育ってくれたらいいなと願っています（勉強ができるより、そのほうが遥かに幸せへの近道だと思う）。

ただし、「ただやらせる」だけではさすがにやる気が出ないかな……ということで、「システム化」と「お得感」は大切にしています。

たとえば洗濯は、「自分の服を洗うだけで月500円の高額報酬！」のおこづかい戦法（親はたったワンコインで大助かり！）。なるべく負担なく続けられるよう、「システム」にも工夫を重ねます。ここぞとばかりに奮発して、子どももそれぞれにステンレス製洗濯かご、洗濯ネット、アルミハンガーとピンチハンガーを買い与え、各自の部屋に「すべての服をハンガーにかけたまま収納できるハンガーポール」を取り付けました。

脱いだ服は自分の部屋の洗濯かごに入れ、それをまるごと洗濯ネットに入れて洗います。これで、ほかの人の洗濯物と混ざる心配もなく、子どもの洗濯物が見苦しく脱衣所に散らかる光景もなくなって、バスルームがきれいにすっきり！

洗いあがった洗濯物は、アルミハンガーとピンチハンガーにかけて干すので、乾いたら、そのまま部屋のハンガーポールに掛けるだけ。おかげで、「洗濯物を取り込んで、畳んで、しまう」手間が激減。子ども服がぐちゃぐちゃに詰め込まれた引き出しのカオスともさようなら。常にすべての服が見渡せるので、サイズアウトした服がいつまでも引き出しの奥に……という事態も避けられて、本当にいいことずくめです。

わが家の洗濯遍歴

雄一郎

洗濯は、もうずいぶん長い間、「サンダーレッド」という国産の粉石鹸を使っています。柔軟剤などは一切使いません。

以前は、ヨーロッパのオーガニック系液体洗剤などを気に入って使っていた時期もありましたが、あのかさばるプラスチックボトルを買い続ける気になれなくて卒業。液体洗剤は輸送コストの面でも問題があり、値段も割高です。

粉石鹸以外にも、灰、マグネシウム、重曹、微生物系のものやソープナッツ（天然の洗浄作用のある木の実）など、いろいろな〝代替洗剤〟も試してきました。趣向はいいし、これからも積極的に取り入れたいなと思いますが、子どもが小さい今は、衣服の汚れもなかなか手ごわく、「石鹸の洗浄力なしではちょっと厳しい」というのが今のところの実感。夫婦二人、平和な老後を迎えた暁には、丁寧に手洗いなぞも交えつつ、穏やかな洗浄力のものを心穏やかに使いたいものだなあ、と夢見ています。

一番の夢は、庭でムクロジ（日本古来のソープナッツ）の木を育て、その天然の実で洗濯すること。ただし、高さ30メートルにも及ぶ巨木らしいので、果たしてそんな木を庭で育てられるのか……!?

もうひとつ、洗浄力と言えば、〝お湯〟。40℃以上のお湯で洗うと、洗浄効果がかなり上がると聞き、最近は「それによって洗剤類の使用も減らしていけたら……」と期待しているところです。新居では高効率の真空管タイプの太陽熱温水器を設置したため、ガスにあまり頼らなくてもお湯が使える暮らしになりました。これを機に洗濯機の給水を直接お湯につなぎ、お湯で洗濯する日々をはじめてみています。

掃除はほうきとぞうきんで

雄一郎

7年前、高知への引っ越しとともに掃除機を卒業しました。以来、ほうきとぞうきんで掃除しています。

気分良く掃除ができるよう、ほうきは京都の老舗のものを手に入れました。コツは、床にお茶殻を撒いてから掃くこと。お茶殻の適度な水分が埃を吸着してくれて、思いのほか、きれいに掃くことができます。

わが家は毎日紅茶を飲むので、紅茶の茶殻がメイン。でも、番茶、烏龍茶、ジャスミンティーなど、茶殻が変わると香りも変わって、それはそれでたのしいもの（高級なお茶を飲んだ翌日は掃除のテンションが上がります）。コーヒーかすだって使えます。煎茶はなぜか床に貼りつきやすいので、使いません。

脱掃除機の心地よさは、①静かなこと　②かさばる掃除機を戸棚から取り出さなくていいこと　③しまわなくていいこと　④収納場所が不要になること　⑤フィルターの始末と補充をしなくていいこと　⑥故障や買い替えがないこと　⑦停電でも掃除できること……こう考えると、けっこうメリットは大きいです。ほうきはよほど乱暴に使わない限り、かなり長持ちするし、何より自然素材なので見た目もきれいで、気分が良いです。

掃いたあとは、わが家はちりとりで集めることすらせず、庭にそのまま掃き出してしまいます（※もちろんプラスチック類は取り除く）。埃と茶殻なので、そのまま土に還ります。ちりとりとごみ箱すら必要ない掃除、シンプルの極致です。

アルミサッシの枠や棚の下など、ほうきで掃きづらい場所は、ぞうきんで拭きます。床も、数日に1回はぞうきんがけすると、空気が断然清らかに。広い面積のぞうきんがけは、はっきり言って面倒くさいのですが、でも、ぞうきんがけって禅寺の朝のお勤めみたいで、本来は清々しい営みのはず！　というわけで、「ここは禅寺……」とイメージしながらぞうきんがけするようにしています。

ちなみに、掃除機がないことで唯一問題があるとすれば、車の中です。車の中は人工素材の塊！　あそこだけは掃除機が必須です！　わが家は時々ガソリンスタンドで掃除機を借りることで、買わずにねばってきましたが、車の中が汚れる一方なので、ついに先日、小さな中古のクリーナーを購入しました。

業務用食洗機の功績

雄一郎

電化製品を次々に省いてきたわが家（p.98）。それなのに、まさかの「業務用食洗機」の導入を決意しました。かねてより食器洗いが大きな負担になっていて（飲食業を細々と営んできたゆえでもある）、これ以上の我慢は自分たちのパフォーマンスを落としてしまう……と散々考えての決断でした。

買うからには、ちゃんと狙いを定めます。友人宅で見せてもらった、最高80℃の高温で、わずか1分半で洗いあがる業務用食洗機。洗剤は使いたくなかったので、「洗剤なし」で洗えるかどうか、実際に試させてもらい、「洗剤なしでもいける！」と自己判断。厨房機器のリサイクルショップに出向いて、同じ機種を中古で入手しました。

中古なので、値段も半額以下。もちろんエネルギーは使いますが、新品を買うのとはずいぶん意味合いも変わります。洗剤も流さず、むしろ水は節水になる面もある、というところで、「食器洗いの負担が激減する」というメリットとのバランスを取ることにしました。実際に使いはじめてみて、威力を実感！　しばらくはありがたくこの恩恵に預かって、特に子どもが巣立つまでの10年余り、よりクリエイティブに過ごしたいと思っています。

私のばらまき畑

麻子

畑をはじめて、15年。いつまでたっても「草ぼうぼう」のジャングルのような畑です。私の畑を見に来た人は、「これが畑？」とびっくり。ご自分で畑をされている方は「なかなかワイルドですね……」と絶句。確かにぱっと見ると荒れ放題。ですが、よくよく見ると、草の間にいろいろな野菜や植物が元気に育っています。

一番心躍るのは、こぼれ種から育ったもの。コリアンダーやカモミール、紫蘇にきし豆茶やはぶ茶など。種まきなしで、お世話は時々周りの草を刈るだけ。里芋や菊芋、ターメリックは掘り残しから自然に芽が出るので、好きな場所に移植します。整理整頓が苦手で、せっかく種を保管しても忘れてしまいがちなので（種採りしたことすら忘れてしまう）、この方法は自分に合っています。

野菜類は、気が向いたら種採りをして、適期になったら畑のあちこちに気の向くままにばらまいておきます。時期や場所によってうまく育つところとそうでないところがあっておもしろい。じゃがいもと生姜は、収穫分から種用に保管しておくのですが、うっかり全部食べてしまって慌てることも（でも大丈夫、きっと誰かが分けてくれます）。

肥料は買わず、種も自家採種か、分けていただいたもの。苗を作るのは苦手なので、近所の上手な方が「余ったからどうぞ」とゆずってくださるものをありがたく使います。玉ねぎだけは特別で、「一年分の自給」という野望があるので、毎年秋になると苗を買ってはせっせと植え付けます。

基本的に計画が苦手なので、その時の気分で自由に作業します。思いつくままに開墾したり、草刈りしたり、種まきしたり。効率はすこぶる悪く、計画的な大量収穫はとうてい望めません。でも、とにかくたのしい。畑の隅に溜まった腐葉土を小さなスコップで集めるのも、「ちょっと遅いけどまいてみよう」と思いつきで種まきするのも、忘れた頃に芽が出たのに気づくのも、何をしてもひたすらうれしい。

「思いつくまま、好きなように」が最優先ですから、収穫はおまけのようなもの。「こんなにいい加減にやって、はたしてどのくらい採れるのだろう？」と毎年くじ引きのような気持ちでいます。予想外の豊作に小躍りすることもあるし、全然だめなことも。どんな結果でもOK、失うものはゼロ、まったく気楽なものです。

それでも、あちこちにいろいろと植えておけば、たいてい何かしら収穫できるのが私の畑の良いところ。たくさん採れたらおすそ分けするのもうれしく、一方、不安定な気候が続くと、生産者さんのご苦労はいかばかりかと考え込んでしまうこともあります。

毎日せっせと畑に向かい、好きなだけ、好きなように作業して。思いがけない場所からいろいろ収穫できて毎回びっくり！　これが「私のばらまき畑」です。

田舎の宿命、草刈り

雄一郎

　自然の近くに移住した人間が避けて通れない大問題、それは「草刈り」です。自然派の人間としては、ついつい「雑草が繁っている景色もナチュラルでいいよね……」なんて正当化したくなるのですが、そんな論理は地方では通用しません。草は刈ってこそ。庭や石垣の手入れが行き届かないのは、ほとんど「人間性の欠如」と思われかねない勢いです。

　それにも関わらず、僕は絶望的に草刈りが苦手なのです。まず草刈機が使えない。だって、誰もかれもが「あれは危ない」「指が飛んだ人間もいる」「石が飛ぶから5メートル以内に近づいたらいかん」と言うのです。そんなもの、怖くて使えるわけがありません。

だから、手で刈ります。地域の男性でそんなことをしている人はひとりもいません。ひどく肩身が狭いです。でも、草刈機で大ケガを負うリスクには代えられません。単に怖いだけでなく、ガソリンの臭い、ガソリンの環境負荷、振動、騒音、かさばって見苦しい外観に至るまで、草刈機のすべてが嫌なのです。

　そんな僕を尻目に、「だったら私がやる」と勇敢な麻子さん。さっさと草刈機を購入し、ブ～ンと刈ってくれています。ありがたや！　しかし、これまた、あってはならぬ光景なのです（＝夫が妻に草刈りをさせている、の図）。でも、仕方ない。今や世界はジェンダーフリー。いかに恥ずかしかろうとも、人間として間違ったことをしているわけではないので、胸を張って「わが家スタイル」を貫けばいいだけ！（と思っていても、消せない恥ずかしさはあるものです……）

折しも、「リジェネラティブ農業*」の本の翻訳の仕事をいただいた僕（２０２２年刊行予定）。読み進めたところ、自然農法的な考え方では、何と雑草の根を残すことで土を肥やしたり、クローバーなどの緑肥作物で雑草を抑えたり、という目からウロコな世界があるようなのです。俄然、ワクワク。「いつか草刈機を使える自分になる！」という一縷の望みは保ちつつ、降って湧いた「ナチュラルな雑草との向き合い方」に大いなる活路を見出したい今日この頃です。

*土壌の有機物を再構築し、生物多様性を回復させることで、二酸化炭素の大気中への排出を抑制する炭素隔離や水循環の改善をもたらし、気候変動対策にもつながる農法で、「再生農業」や「環境再生型農業」とも呼ばれる。

Column

手づくりの虫対策

雄一郎

山のふもとに住んでいるのに、わが家は麻子さんを除いてみんな虫が苦手。でも、市販の殺虫剤にはなるべく頼りたくありません。これまで、実に様々な虫たちに立ち向かってきました。

◎**小アリ**……通り道にわなをしかけます。ホウ酸に多めの砂糖を混ぜ、少量の水でトロリと煮溶かしたものを段ボール片などに載せて置きます。しばらくするとアリがウジャウジャ集まってきて、その後いなくなります。

◎**ゴキブリ**……ホウ酸団子を手づくりします（ネットでつくり方を検索し、ホウ酸、玉ねぎ、牛乳、小麦粉などを混ぜる）。5月頃に室内の隅々に仕掛けておくと、冬までほぼ姿を見ることはありません。

◎**ムカデ**……残念ながら打つ手なし。でも、万が一噛まれた場合は、45℃以上で無毒化すると聞き、すぐに患部を45℃以上のお湯に3分間当てるようにしています（やけどに注意）。痛みや腫れが驚くほど引く気がします。

◎**蚊**……天然除虫菊の蚊取り線香のほか、息子お手製の虫よけスプレーを使います。ドクダミの花やクローブをアルコールに漬け込むだけ。かゆみ止めにはビワ種の焼酎漬けも効きます。

◎**ハエ**……ハエたたきを使います。棕櫚《しゅろ》の葉でつくった昔ながらのハエたたきが美しくてお気に入り。自作もできますが、わが家は熟練が足りず、近所の直売で買ったものを使っています。

◎**［番外編］ネズミ**……ネコを飼います。高知で最初に住んだ家はネズミが出没し、戦慄の日々でした。ご近所を見習ってネコを飼ったら、2週間で解決しました。

変化のための小さなアクション
【家事編】

- □ ごみの分別ルール表をじっくり見る
- □ 出しているごみの重さを量ってみる
- □ 道に落ちているごみを「ひとつ」拾う
- □ 合成洗剤以外のもので洗濯してみる
- □ 殺虫剤に代わるものを使ってみる
- □ ほうき、はたき、ぞうきんなど昔ながらの道具を使う
- □ 家事を新鮮な目で眺める

服部家の
やってみたいこと

ムクロジの木を育て、その実で洗濯する
（雄一郎）

容器包装プラスチックを減らし、
ごみ出しを2カ月に一度にする
（麻子）

BRUTUS

お母さんへ

4
買う・持つ・もらう

買い物の基準

麻子

1. 本当に必要かどうか

欲しいものはすぐに買わずに、少し期間をおいて寝かせます。季節がめぐれば「やっぱりいらないかも」と考えが変わることもあります。また、「○○がほしい」と友人や知人に伝えておくと、「うちに使っていないのがあるからどうぞ」となることも。

2. 安すぎるものは避ける

安いものは総じて質が悪く、壊れやすく、かつ何らかの搾取が疑われます。食品には添加物など健康面のリスクもあります。その他、児童労働、環境汚染、農薬の多用、アニマルウェルフェアの問題など。ほとんどが「見えない部分」で、だからこそ意識していきたいところです。

3. 修理できるもの

あらかじめ「壊れたらどうするか」を想定して選びます。つくり手やお店によっては、修理を受け付けてくれたり、部品の交換ができることも。木製品なら、木工の得意な知人に修理してもらいます。

4. 天然素材

できるだけ土に還るもの、目にも心地よい天然素材のものを選びます。木、金属、ガラスなど。衣服だったら綿、麻、ウール。質の良いものは長持ちし、古びてもみすぼらしくならず、むしろアンティークのように愛着が増します。

5. 引き取り手が見つかるもの

生活スタイルが変化すると、気に入っていたものでもフィットしなくなることがあります。引っ越しで家具のサイズが合わなくなることも。「質の良いもの」「デザインの良いもの」なら、確実に「使いたい」という人が現れます。

6. つくり手の顔が見えるもの

信頼している友人・知人のつくったものは、自然と「大事にしよう」と思います。壊れたり、メンテナンスに迷った時、直接相談できるのも大きなメリット。お金はできるだけ信頼する人に直接渡して循環させたいと思います。

7. 子ども用品は「3人使えるか」

わが家の子どもは3人。長靴、洋服、リュックなどは使い回します。選ぶ時は、できるだけ男女の性差を感じさせない色やデザインで長持ちするものを。

8. 美しいもの

目に映るものはできるだけ美しいものがいい。それは「誠実につくられている」「機能的である」という意味も含む「美しさ」です。日々目にするものが美しいと、気分が良い上に、自分のパフォーマンスも自然に上がります。

9. 応援したいお店や会社から買う

同じような機能、デザインであれば、少し価格が高くても、「応援したい」と思う人やお店、会社を選びます。また、同じものでも、ネットで買うより直接個人商店で買うことで、その時に生まれるコミュニケーションという価値が生まれます。買ったあとの修理やメンテナンスの相談もしやすいです。

10. 買い物は投票

お金は投票用紙。買い物はひとつの社会的アクションです。小さな積み重ねが社会を変えていきます。

なるべくゼロウェイストな買い物

雄一郎

買い物のプラスチックパッケージ、少しでも減らしたいところです。『ゼロ・ウェイスト・ホーム』の〝美しすぎる買い物〟の様子を読み、「うちも行くぞ！」と意気込んだわが家。でも「何もかもがパック済み」の日本のスーパーではなかなかハードルが高いです。

一時は「叩けよ、さらば開かれん！」とばかりに、「発泡トレイ入りの肉や魚は絶対に買わない！」とか、「ヨーグルトは買わずに手づくりする！」とかやってみたのですが、やはり、抜本的に食生活でも変えない限りはなかなか……というのが実感でした。

とは言え、できることだっていろいろあります。

1. レジですべてのビニール袋を断る

レジ袋はやっと有料になったのに、肉や魚、豆腐、ばら売りのきゅうりなど、レジでどんどん薄いビニール袋に入れられてしまいます。ほとんどの人が何も考えずに受け取っていると思いますが、みんなが受け取っていたら何も変わりません。わが家はいつもレジに立った瞬間、「もったいないので薄いビニール袋は要りません。すべてこのままで」と宣言します。お金も手間もかかりません。「口で言う」、必要なのは決意だけ！

2. 過剰包装の商品は買わない

パッケージを「ゼロにする」のは無理でも、「減らす」ことは十分可能。このご時世、過剰包装は製造元の良心にも関わる問題。非常識なパッケージの商品はボイコットして、ごみを減らします。ごみ出しがラクになるので、メリットしかありません。

3. 個人商店で買う

個人商店ならマイ容器での買い物の可能性が大きく広がります。わが家はパン屋さんには大きめの竹ざるを持参。売り場のトングで直接パンを入れ、お金を払ってそのまま持ち帰ります。お店の人だってラクなはず！　肉屋さんや魚屋さんには、琺瑯容器やガラス製のキャニスターを持参します。「豚肉と鶏肉」「カツオとタイ」など、種類が違っても、ひとつの容器に詰め合わせてもらうのがおすすめ。洗い物が減ります。

4. 通販の緩衝材は断る

ワレモノでない限り、通販の緩衝材は必要なし。注文時、備考欄に一言書きます。「ごみを減らしたいので、気泡緩衝材等は一切入れないでください。破損のクレームはつけません」。緩衝材がないと、開封もラク。ごみ出しもラク。

5. 近所の農家さんから直接買う

田舎では、近所の生産者さんからパッケージフリーで野菜や果物を買える可能性もあります。少量だと迷惑かもしれませんが、まとまった量なら喜んでいただける場合も多々。わが家は卵も、なじみの生産者さんに50個まとめて使い回しの紙箱に詰めていただき、購入しています。

6. 共同購入する

ご縁でつながった山形の有機納豆「豆むすめ」。とてもおいしく、パッケージは経木《きょうぎ》＋紙。これを4～5人で共同購入しています。まとめて送っていただくので、送料も割安だし、輸送エネルギーもスーパーの仕入れと大差なし。通常はひとつずつビニール包装されるそうですが、まとまった数なので、お願いして省いていただいています。

これだけやっても、わが家は毎月、小さいごみ専用指定袋ひとつ分くらいのプラスチック製容器包装のごみが出ています。でも、減らせていることは間違いないし、無理もしていない。大切なのは「できることをする」。本当はもっと減らせたらうれしいけれど、ここから先は「プラに代わる素材の開発」だったり、「量り売りの拡充」だったり、より構造的な変革がないと難しい。つまり、自分ひとりでどうこうできるレベルを超えるので、自分を責める必要はないし、責めても意味がない。

工夫や反省は、あくまで自分の手の及ぶ範囲で。それより先は、より良い変化を願って。前向きに、建設的に、「自分が今できること」にフォーカスしたいと思っています。

ネット通販とどう向き合う？

雄一郎

ネット通販は使わないに越したことはありません。輸送エネルギー、パッケージ、地域経済。どこを取っても、ローカル消費のほうがいいに決まっています。でも、プラスの面もあります。それは、距離を超えて、価値ある商品を応援できること。

以前、全国に発送している長野の有機農家さんがこんな風につぶやいていました――「ローカルローカルって、うちは地元じゃ誰も買ってくれないし、やっていけない。『本州全部がローカル』くらいに思ってもらえないとね」

「マーケットが狭すぎる」ために、良い取り組みが消滅しては困ります。ネット通販の力を借りてでも、マーケットを広げて、社会に価値を生み出していってほしい。

わが家は、「どうしても」という場合には海外から取り寄せることも。国産がベストだけれど、国境を超えて新たな力や気づきが生まれるという部分もあります。それがきっかけとなって、より望ましい国産品がつくられるかもしれません。

「どうしても」のラインは人によって違うはず。ひとりひとりが、その人にとっての「よりローカル」を意識すればいい。そして、より良い未来に向けて、外にも目を向ける。そんなイメージで、ネット通販もポジティブに生活に取り入れています。

Column

なるべく避けたい素材

雄一郎

　プラスチックには様々な種類があります。健康リスクも多岐に渡るので、すべてを避けるのが難しい場合、「より危険」と言われる種類を重点的に意識するのも一案です。

　たとえば、「ポリ塩化ビニル（塩ビ、略称PVC）」は、消しゴム、長靴、上履き、浮き輪など、多くの子ども用品に使用されていますが、内分泌かく乱物質などのリスクが指摘されています。同じ樹脂製でも「より安全な」シリコーンやポリプロピレン、ポリエチレン製を選びたいところです。消しゴムも、PVCと書かれたものは避け、「フタル酸エステルフリー」や「天然ゴム」と書かれたものを選ぶようにしています。

　テフロンをはじめとするフッ素樹脂加工も、れっきとしたプラスチックのひとつ。様々な健康リスクを懸念する声があります。フッ素樹脂加工の鍋は、いつの間にか剥げてきて、あのカスがマイクロプラスチックとなったり、料理に混入したり……と考えると、やはりステンレスや鉄の鍋を使いたいところ。焦げつきは金たわしでこすれば、簡単に落ちますよ。

　基礎知識を身につけると、プラスチックとのつき合い方にも安心感が出てきます。より詳しい情報は、拙訳『プラスチック・フリー生活』をご覧ください。

電化製品もできるだけ

雄一郎

電化製品は、プラスチック製だし、電力を使うし、値段も高いし、壊れるし、見た目も悪いし、ということで、わが家にとっては気乗りしない買い物の筆頭です。そんな中、工夫しているのは……

1. 減らす

単に「省く」ことで解決するケース多々。わが家は、炊飯器、掃除機、テレビ、トースター、電子レンジは卒業しました。空気清浄機や電動鉛筆削りも、もう買いません。

2. もらう

小学生用のスマホやタブレットは、祖父母や友人からのお古で十分。電話契約はせず、家のwi-fiにつないで使います。味気ない電子機器がどこか味わい深い存在に！

3. 中古で買う

食洗機はリサイクルショップで中古を購入（p.72）。新たな消費を加速させず、値段も安い。中古市場の活性化にも貢献できます。

4. ごみが出にくいものを選ぶ

インクカートリッジのごみが気になるプリンター。液体のインクを補充する「エコタンク搭載式」にしたら、ごみとインク代が激減。割高な本体価格もすぐに回収できました。

5. 効率がいいものを選ぶ

消費電力の大きい家電は、省エネ効果も大切。冷蔵庫は（意外にも）容量が大きい方が消費電力が少ないことを知り、勇気を出して５００リットルの特大サイズを購入。

6. エシカルに買う

難民の方々を雇用し、中古のパソコンを修理して販売している「ZERO《ゼロ》 PC《ピーシー》」。量販店とはまったく気分の違う買い物となりました。「企業のエシカル通信簿」もネットでチェックしています。

「理想的」とはいかなくても、これらのどれかがクリアできると、気分はずいぶん違います。逆に、数年前、よく検討もせずに買ってしまった除湿器などは、何の思い入れもなく、いまだに〝残念な存在〟。やはり、「より良い選択」は気持ちの面でも大切です。

サステイナブルは〝せめぎ合い〟

雄一郎

既に持っているプラスチック用品。「処分したほうがいいのでしょうか？　まだ使えるのに捨てるのはもったいない気がします……」という質問をよく受けます。

確かにもったいないです。僕も、何年も前に購入してしまったプラスチック製の衣装ケース一式を、「今さら捨てるわけにもいかないし……」とそのまま使い続けていました。

でも、このあたりのことはつくづくバランスだと思うのです。「もったいない」という現実と、「使い続けることのストレス」。さらに、プラスチックの種類によっては、そのまま使い続けることで「健康リスクや環境汚染を増大させてしまいそうなもの」もあります。

そういう意味では、「いかにもったいないとしても」、今回限り処分してしまい、「新たな自分に生まれ変わってスッキリ暮らす」というのもひとつです。わが家は、引っ越しを機に、その衣装ケースをすべて知人に引き取ってもらうことができました。でも、いつもそんな風にうまくいくとは限りません。

つくづく正解のない選択です。人の数だけ正解があって、むしろ、「何を選ぶか」にその人らしさが表れる。人生も同じ。答えのない様々な選択の連続です。

「より良い消費」を意識しはじめると、同じように難しい選択を迫られることはよくあります。「過剰包装のエシカル商品vs簡易包装の通常品」「遠方のオーガニック野菜vs近場の普通の野菜」「地元企業の普通の商品vs大企業のエコ商品」などなど。

どちらがいいのか、はっきりとした答えがほしいところですが、たとえ高度な計量経済学をもってしても、たぶん「本当の答え」は出ません。アメリカの大学院で環境政策を勉強してみて、そのことは痛感しました。本当の環境負荷をどう数値化するかはあまりに複雑で、「何を前提にするか」で真逆の結果が出ることもしばしば。

何を選んでも正しくない気がしてしまう……かもしれませんが、そうしたジレンマは「配慮できる自分」に前進できている証しでもあります。あとはその中でどう自分らしい選択をするか？　そして、さらに前進を続けて、どのようなアクションにつなげていけるか？

決めるのは自分です。「やっぱり違った」と思ったらどんどん修正していけばいい。「今日正しいと思ったこと」が「明日も正しい」とは限りません。間違いが判明することは、より正しい方向への一歩。

ひとりひとりが、自分なりに考えて、選ぶ。その積み重ねによって、現実はきっと良い方向に進んでいきます。遠回りのように思えるかもしれないけれど、それは「ひとつの正解」という脆い幻想にみんなが盲目的に従うよりも、よほど真実味があって、パワフルに未来を動かしていくように思います。

修理できるものを買う。修理できる人に出会う

麻子

知人に木工が上手な方がいて、何かが壊れると、たいていその方に相談します。これまでに、やかんのフタのつまみ、壊れた椅子やサイドテーブルの修理をお願いしたほか、廃材で素敵な本棚までつくっていただきました。梅干し用のかめの内蓋をつくっていただいたことも。

得意な人にとっては簡単なことでも、ほとんどの人にとってはどうすればいいかわからず、結果、壊れたものは処分する……ということが多いように思います。

町の電気屋さんでは、壊れたドライヤーや灯油ストーブなどを修理してもらいました。専門家はたくさんのケースを見ているので見立てが確かです。ドライヤーの修理は定価と同じくらいの修理代がかかりましたが、友人が誕生日に贈ってくれたものなので、思い入れもあり、迷わず修理をお願いしました。

衣服は古くからの友人でもある「柘榴《ざくろ》洋裁店」に仕立ててもらいます。同時にお直しも。やぶれたパジャマの襟元や袖口は付け替えてもらい、小さな穴や取れないシミはダーニング

で繕ってもらいます。別の友人は編み物が得意。穴の開いた私の毛糸の靴下を見て「繕ってあげる」と言ってくれました。

長年使っている竹の市場かごも、四隅が傷んできたので、竹細工職人の友人に修理をお願いしました。革製品をつくっている友人には、腕時計のベルト、財布やかばんの修理をお願いしています。

「修理してくれる人を見つける」のはハードルが高めかもしれませんが、裁縫系なら案外簡単に見つかるかもしれません。迷った時は、人に聞いたり、購入したお店の人に相談してみると道が開けてきたりします。

実は、修理の一番のメリットは「新しく生まれ変わった姿で戻ってくる」こと。「壊れてしまったもの」が人の手によって美しくよみがえり、よりいっそう、大切に使い続けられる。「もの」にまた新しい物語が重ねられるというダイナミックな面もあります。私にとって、「修理」とは単に「壊れたものを直す」ことではなく、暮らしの中の重要なディティールでもあるのです。

古新聞は必需品

麻子

古新聞はわが家にとっては必需品です。

仕事や趣味で送る小包の緩衝材は、いつも必ず古新聞。使い回しの段ボールに新聞に包んだ野菜や果物を入れ、隙間にくしゃっとまるめた新聞を詰め、一番上には箱を開いた時にぴしっと見えるように、ぴったりサイズに折った新聞をのせてから封をします。

畑で採れた野菜やたくさんある果物をおすそ分けする時にも、新聞は便利です。「30秒でつくれる新聞紙袋」を知ってからは、ささっと袋を折って、それに入れてお渡しするようになりました。見た目もなかなか素敵で気に入っています。

ほかにも、雨で濡れた靴に詰めたり、床に油をこぼした時にも大活躍!

わが家は新聞をとっていないので、近所の方にゆずっていただきます。読みたい記事は使わずに取っておいてまとめて読んだり、小包に「読み物」として入れることも（他県の人には、地元トピック満載の高知新聞はおもしろく読んでもらえるかな……と）。

バッグや車の中に新聞を入れておけば、袋も作れるし、敷き物にもなるので便利です。

《30秒でつくれる新聞紙袋》のつくり方

1 新聞紙1枚を横向きに置き、下3分の1を折る。

2 裏返して、長辺の3分の1を折る。

3 反対側も同様に折り、片側の裾部分を反対側のポケット部分に差し込む。

4 裏返して、ポケット部分の逆側が三角になるように折る。

5 三角部分をポケットに差し込んだら完成。

6 ほどよくマチができ、自立するので便利。

＊詳細はWEBマガジン「greenz.jp」の「新聞ゴミ袋」の記事も参照

不用品をゆずる、受け取る

雄一郎

大量消費・大量廃棄を脱し、より豊かな世界を築く「ギフトエコノミー」。ゆずり合いの輪が広がることで、お金では測れない価値が生み出されます。義理がたい日本人は、つい「何かいただいたらお返ししなければ……」と感じがちですが、ギフトエコノミーの最大のポイントは、「恩義ゼロ」。「いただいたらお礼！」の常識から離れ、風通しの良い「ペイフォワード*」の心を大切にします。

もちろん、お返しもたのしいので、できる範囲でしていきます。でも、一番大切なのは、たぶん、「受け取ったものに見合うものを返そうとがんばらないこと」。がんばると、途端に無理が生じ、せっかくのギフトエコノミーが窮屈に感じられてしまいます。だから、受けた親切にはシンプルに感謝し、あとは自分たちのペースで、できることを、できる範囲で、できる相手に向けていく。手づくりしたものや、もともと持っていたものなど、なるべく貨幣価値とは異なるものを差し出していく。自分たちだからこそできるささやかな方法で、世界に小さなギフトの波紋をつくり出せたらいいな、と思います。

*誰かから受けた親切をその人に返さず、地球上の別の人に新たな親切としてつないでいくこと。

拾いものは宝さがし

麻子

拾いものが好きです。役に立つものばかりでなく、ごみも拾います。特に川や海、山に行った時は、自然をたのしませてもらったお礼もかねて、目についたものを拾います。かばんの中には、いつでもごみ拾いができるように、使い古しの袋を入れています。ごみが落ちているのを目にすると何とも言えないがっかりした気持ちになります。同時に、拾うのにちょっと勇気がいることも。そんな時は、「今自分が拾えば、次に通る人が同じ思いをしないでいい」と思うようにしています。とは言え、無理は禁物。疲れている時、急いでいる時、何となく気が進まない時は「今日はごめんなさい〜」と思いながら通り過ぎます。

ある日、ボロボロのブリキ箱のフタが落ちていました。ごみ拾いのつもりで持ち帰ったのですが、風情がありそうだったので洗って乾かしてみると、まるで現代アート作品！　壁にくぎを打って飾ることにしました。

モノも、チャンスも、いろいろなところに転がっていて、私たちは、ただそれに気づいていないだけなのかもしれません。拾いものは「思いがけない偶然の出会い」。宝さがしのようなものです。

Column

古道具をレスキュー

麻子

　ある日のことでした。近所の細い道を走っていると、おじいさんが何かをせっせと燃やしています。ふと見ると、燃え盛る火の周りに、竹や木でできた道具が山積みになっています。目をこらすと、それは宝の山！　すぐに車を止めて駆け寄りました。「この道具、燃やすんですか？」

　聞けばお子さんは県外に住まわれていて、こちらに戻ってくる見込みはないそうで、「これはもう誰も使わないから始末する」。道具の状態はいずれも良く、大切に手入れをされ、使われてきたことがわかります。さらに、どの道具も今はつくり手が減り、手に入りにくくなっているはず。こんな貴重な品々が、今まさに燃やされそうとしているなんて！

　ひとつ深呼吸して、「もし、本当に燃やされるのであればゆずっていただけませんか？」とお願いすると、「こんなもの使うかね？　何なら好きなだけ持ってったらいい」と言っていただけました。背負いかごやもろぶた（餅つきの時に使う木箱）、さらに収穫かごや竹ざるを車のトランクに入るだけ詰め込ませていただいたのでした。

　もろぶたはたくさんあったので、いくつかは友人にもおすそ分け。その他の道具も日常的に使っています。ありがたい一方、あの日、道具の数々を燃やしていたおじいさんは、どんな気持ちでおられただろう、と時々思い出します。

「こんなものはもう誰も使わない」、そう思わせてしまった現代の私たちの生活を、今一度見つめ直し、古いものの美しさやすばらしさを、使い続けることで伝えていけたらとも思うのです。

変化のための小さなアクション

【買い物・持ち物編】

- □ 捨てる時のことまでイメージして買い物をする
- □ 個人商店にマイ容器を持参する
- □ 過剰包装の商品を買わない
- □ 通販の緩衝材を断る
- □ 本当に必要な買い物か考える
- □ 壊れたものを修理する
- □ 不用品の活用方法を考える(人にゆずる・リサイクルショップetc.)
- □ 新聞紙袋をつくる

服部家の

やってみたいこと

持ち物を劇的に減らす

(雄一郎・麻子)

5
お菓子とお茶とギフト

「今、ここ」とつながるお菓子づくり

雄一郎

子どもの頃からお菓子が大好きだった僕。教室に通ったり、専門的に学んだりしたわけではないですが、いつしか仕事として「お菓子をつくる人」になっていました。

思えば小学生の頃、家庭科クラブでケーキをつくる女子たちがうらやましくて仕方がなかった。でも、女子だけの家庭科クラブにひとり割って入るような勇気はなく、代わりに好きでもない手品クラブに入りました。

以来、お菓子はずっと「食べるだけ」でしたが、麻子さんの第1子妊娠中、助産師さんに「出産のリスク軽減のため、白砂糖と動物性食材入りの市販のお菓子は控えるように」と指導されたため、「お菓子を食べたければ、身体にいいお菓子を自分でつくるしかない!」ということで、つくりはじめました。

つくったのは、どうと言うことのないクッキーやパウンドケーキ。でも、人におすそ分けすると、みんな意外なほど喜んでくれます。

当時の自分は、都心勤務の会社員。「会社員としての自分」ではない、「何でもないただの自分」が焼いた「何でもないお菓子」を人が喜んでくれる。そのことは、何だか人生観が変わるような手ごたえをもたらしてくれました。どこか「自分にも差し出せるものがある」ような、「人としての自信を得た」ような、確かな実感を得たのです。

その後、様々な変遷を経て、ついには仕事でもお菓子をつくるようになったわけですが、今、ここ高知でのお菓子づくりは、かつての自分が想像もしなかったようなたのしさとともにあります。

何しろ自然がすぐそばにあるので、素材にはこと欠かない。庭のハーブやエディブルフラワー。豊富な柑橘で仕込んだピールやマーマレード。畑の生姜の砂糖漬け。初夏にはご近所からいただくあんずやプラム。庭のいちじく。秋から冬にかけては、栗、干し柿、かりん蜜。時には蜂蜜を巣ごといただくことも。塩も土佐の塩。卵は近所の生産者さんの平飼い。牛乳は隣町の放牧。庭や近所からのものはパッケージごみすら出ません。

もちろん、バターや小麦粉などは遠くでつくられたパック済みのものを使っているし、たまにはバナナやりんごも買います。でも、わざわざ特別なものを買わなくても、季節の素材がすぐそばにある。庭のものや土地のもの、ご縁あってやってきたものなど、「今せっかくあるもの」を大切に使っていく――そうこうするうちに、単に「ローカルは大切」などという枠を超えて、自分のつくるお菓子が、どんどん「自分にとっての必然」を帯びてきました。

時にはものすごく酸っぱかったり、ちょっと渋かったり、必ずしも一級品ばかりとは限らない素材たち。でも、目の前に偶然立ち現れたものを生かすことで、自分のお菓子づくりが、決して代替の利かない「自分だけ」の営みとして立ち返ってくる。「誰がつくったって同じ」という、この均質化した世界から離れて、確かに「今、ここ」に戻ってくる――そんな気がしています。

「偶然の祝福」から生まれる「必然の菓子づくり」。それはこの広い宇宙の中で、弱く不完全な存在である自分にとって、これ以上ない〝生の肯定〟のようにも思えます。

紅茶をつくる

雄一郎

7年前、京都のマンションに住んでいた頃、早川ユミさんの傑作本『種まきびとのものつくり』（アノニマ・スタジオ）を偶然手に取り、何の気なしにペラペラとめくっていて、「紅茶をつくる」のページに目が釘付けになりました。

「紅茶を自分でつくる？　どういうこと!?」と当時の自分は思いました。そんなこと、想像したこともなかったのです。そして、理屈抜きに思いました。「自分で紅茶をつくるなんて、まるで夢のような暮らしだな」と。

その数カ月後に高知県に移り住んだわが家。家の庭には、茶摘みができるほどのお茶の木は植わっていませんでしたが、友人や知人に声をかけていただき、毎年欠かさず茶摘みをして紅茶をつくる暮らしが見事に実現しています。

だから、紅茶づくりは、自分にとって、移住の幸せのシンボルのようなもの。

初夏の茶摘みは、一年でもっとも心躍る瞬間。新緑のお茶の芽を摘み、清々しい香気を吸い込み、揉んで、発酵させて、紅茶にする。特別な道具は何もいりません。これをできる暮らしは、シンプルに幸せです。

庭にもお茶の生垣をつくりたくて、今、小さな苗をいくつも育てているところです。

野草茶の世界

麻子

高知に来て、野草茶の世界に出会いました。土地で飲み継がれている野草茶の存在に目を開かされ、自分の畑で育てたり、季節ごとに、空気と水がきれいな友人や知人の土地などで摘ませていただくようになりました。

春はやわらかなよもぎの新芽をさっと湯がいて干します。れんげや母子草《ははこぐさ》、すみれになずな、こぼれ種から咲いたカモミール。やわらかな花は早朝に摘み集めます。朝の光の中、夢見るような時間です。

梅雨前には清楚な花のついたどくだみを。「十薬《じゅうやく》」と呼ばれるほどに薬効が高いそう。清々しい場所に咲くどくだみは、姿も清らかで不思議と香りも良いのです。葉と茎は一年を通じて使いたいので、しっかり干して保存します。

夏は空に向かって伸びるマコモやレモングラス、そして大好きな月桃《げっとう》の季節。はぶ茶やきし豆茶は高知で飲み継がれている野草茶。畑でせっせと刈っては干します。旺盛に成長するので、汗をかきかきの大仕事。ずっとつくり続けたいので、毎年種採りをして畑のあちこちにまいています。

秋冬は常緑樹の葉を干します。びわの葉、柿の葉、シナモンリーフに月桂樹。無農薬のみかんをいただいたら、皮を干して陳皮に。運よく黒文字の枝が手に入ったら、小刀で削ってお茶にします。色も香りもすばらしい、大好きな木です。

野草茶は一種類で飲むと個性が強すぎることが多いのですが、ブレンドすることで、それぞれの良さが引き立ち、飲みやすい味になります。思いつくままに手元にある素材を合わせれば、野草が自らバランスを取ってくれて、毎回新しく新鮮な味になります。

淹れ方もおおらかに。濃くても、薄くても、軽く蒸らしても、しっかり煮出しても、熱々でも冷ましても。どのように飲んでもおいしいのが野草茶のすばらしい点です。

大抵の植物には薬効があるのですが、薬効を求めてというよりは、むしろ「植物の力を分けていただく」「植物とのコミュニケーション」というスタンスでたのしんでいます。

どこまでも自由な野草茶づくりですが、毒性や禁忌については充分に調べます。初めての野草を使う場合は、まずは自分で何度か飲んでみます。野のものには、恵みと喜びと、同時に危険もあります。自分の感覚をよく使って、心を澄ませて、感謝の気持ちで。めぐる季節の中で、野草を摘んで、干して、瓶に収めて。

野草茶に出会って7年。今40代ですが、これから体は自然に衰えていきます。力がなくなったり、耳が聞こえづらくなったり、働ける時間が短くなったりするかもしれません。そんな中でも、野草茶づくりは、その時の体の状態に合わせて、たのしく続けていけるように思います。そんな風に想像すると、これから先の人生が、ますますたのしみになるのです。

季節のジャム

雄一郎

高知に来てからというもの、季節の果物の圧倒的な豊かさを享受しています。ゆず、レモン、文旦《ぶんたん》、すだち、きんかんをはじめとする柑橘に加え、さくらんぼ、あんず、びわ、梅、プラム、ブルーベリー、桃、メロン、ぶどう、いちじく、梨、栗、柿、かりん、キウイ、いちごなど。町内産のバナナやパイナップルまであって、地元産がまったくないのは、寒い地方のプルーンやルバーブくらい。

友人、知人、ご近所の方々から気前よくゆずっていただくこともしばしば。空前のギフトエコノミー！　というわけで、それまでほとんどつくったことがなかった「ジャム」を、年がら年中つくる暮らしになりました。

たかがジャム、されどジャム。せっかくつくるからには、なるべく気分良くつくりたいので、フランスの〝ジャムの妖精〟クリスティーヌ・フェルベールさんの本を参考に（砂糖の量だけはかなり減らす）、いつも3日がかりでつくります。短時間火入れして冷ますのを繰り返すことで、フレッシュに仕上げます。

フェルベールさんのジャムの組み合わせは、キウイとレモン、いちごとエルダーフラワー、いちじくと白ワインなど、実に魅惑的。これをつくってみたいがために、エルダーフラワーの苗まで植えました。ネットでその場限りのレシピを見ながらつくるより、遥かに本格的な気分になれておすすめです。

自分のつくるジャムの中で、一番好きなのは、完熟梅、ブシュカン（高知固有の柑橘）のマーマレード、キウイとレモンの3種。いずれも、いただきものを生かしてつくるギフトエコノミーのジャムです。

次なる目標は、自分の庭からも果物を生み出すこと。夢はどんどん広がります。

ゼロウェイストなコーヒータイム

雄一郎

朝一番のコーヒータイムをこよなく愛しています。

豆は、麻袋で大量買いしている近所の知人から生豆《きまめ》をパッケージフリーで買わせてもらい、「非電化工房」の手軽な焙煎器（ガスコンロで使える）で手焙煎。きれいな翡翠色の生豆を中に入れて火にかけ、小刻みに揺らすこと10分弱。パチパチとはぜてきて、あら不思議、あの見慣れた香ばしいコーヒー豆のできあがり。少し寝かせて、翌日～1週間後くらいが飲み頃です。

ドリッパーは、KINTO《キントー》のCARAT《カラット》というステンレスフィルターを使っているので、ペーパーフィルターのごみも出ません。洗って、乾かして、また使う、それだけ。

コーヒーかすは土に還します。酸性を好む庭のブルーベリーの株元に撒くことも。

自分で手焙煎したコーヒーは、専門店のものほど香り豊かに仕上がるわけではないのですが、少しずつ焙煎するのでいつもフレッシュだし、思いのほかおいしくて、何年経っても飽きません。毎週、毎週、その週の分の豆を焙煎し続けています。

もちろん、それなりに手間はかかるので、時々専門店の豆をいただいたりすると、「これで今週は焙煎しなくて済む！」と思わず小躍り。自分の焙煎した豆とは比べものにならないデリケートな香りに酔いしれ、単なるコーヒータイムがまるでリゾートホテルの朝のような贅沢な時間に早変わりして、それはそれで、すごくいい。

遠い南国でつくられ、労働搾取の問題も指摘されるコーヒー。自分で買う豆は、せめてフェアトレードのものにしています（生豆で買うと、フェアトレードの豆でも驚くほど手頃）。いろいろな問題を考えれば、いっそ「買わない」ほうがいいかもしれないけれど（庭で摘む野草茶やハーブティーのほうがずっとサスティナブルです）、自分はコーヒーの味が本当に好きだし、むしろ世界とつながる気づきをもらえるような存在として、一杯のコーヒーとの時間を大切にしています。

毎朝のミルクティー

麻子

朝起きて着替えたら、まっすぐ台所に向かい、紅茶を淹れます。やかんに水を注ぎ、火にかけて、お湯が沸くのを待ちながら、作業台を拭きあげ、道具と器、茶葉を出します。毎日同じ作業をしているので自然に体が動きます。

茶葉は6g、湯量は360cc、蒸らし時間は3分。お湯はしっかり沸騰させて、ポットや器もきっちり温めて。タイマーの音は大きいので、砂時計を使います。茶葉は、ここ数年はインドで仕入れてきたものを中心に使っています。春から夏にかけてはニルギリやダージリン、肌寒くなったらアッサムやアールグレイ。自家製の紅茶やいただきものの紅茶も、変化が生まれてうれしいもの。蒸らしたらカップに注ぎ、味と香りを確認してから、牛乳をたっぷりいれて、ミルクティーにします。朝食はとらない習慣なので、その代わりに紅茶を数杯。

毎日同じことを繰り返していると、体調や気分の違いに気づくようになります。元気な日、ちょっと体が動きづらい日、好きなはずの紅茶が味気なく感じられる日。あたたかな飲み物で体を満たして、ほんの一瞬ほっとして。毎朝の紅茶は、心落ち着けて一日を歩き出すための儀式でもあります。

マイボトルは家の中でも大活躍

雄一郎

すっかり定着してきた感のあるマイボトル。子どもたちもすっかりこの日常に慣れてくれて（ちょっとやそっとのことでは親は飲み物を買ってくれない）、出かける際は率先して準備してくれるようになりました。

わが家のマイボトルは全員「クリーンカンティーン」。バークレーに住んでいる時に出会った、カリフォルニア発祥の優秀なステンレスボトルです。素材よし、デザインよし、ブランドイメージよし。大人用、子ども用、保温タイプと各種揃っていて、何年経っても本当に気分良く使えています。

このボトル、活躍の場は「外出時」だけではありません。保温タイプなら中身を数時間熱々に保ってくれるので、家の中でも威力を発揮。熱々のコーヒーや紅茶を入れ、少しずつ口にふくみながら、ゆったり読書やデスクワーク。わが家のマイボトルは贅沢で豊かな時間を演出してくれるありがたい存在です。

急いでいる時は、保温ボトルに熱湯を注ぎ、「月桂樹1枚」「ローズマリー1本」など、香りの出そうな草や葉っぱを落とします。フタを閉めれば、ボトルの中でじっくり抽出されて、香り豊かな飲み物に。この手軽さは病みつきになります。

冬は干し柿

雄一郎

わが家の冬の風物詩、干し柿。ここ数年は毎年200個以上、気分はまさしく「干し柿長者」。軒先にぶら下がる様子を「まだかな……」と眺め、子どもたちに「一日ひとつね」と言いながら、おもむろに取っては口に入れます。

干し柿にまつわるすべてが好きです。まず、味の良さ。そして、軒先に下がる橙色の美しさ。さらに、そのままでは食べられない渋柿が、自然の力でこんなにもおいしい存在に変身するという奇跡。最近はいろいろな方からゆずっていただくギフトエコノミーの渋柿に恵まれていて、そんなあたたかみまでもが、より一層干し柿の価値を高めてくれます。

わが家のこだわりは「簡略化」。熱湯消毒もしないので簡単です。やってみたいのは、棕《しゅ》櫚《ろ》の葉を紐代わりにして吊るすこと（知人宅で見て感動した）。干す時は焼酎を塗るのが一般的ですが、僕は断然ラム酒が気に入っています。

できあがったラム酒香る干し柿は、そのまま食べるほか、ダークチョコレートやバターを挟むと贅沢なデザートに。思い出すだけで胸高鳴る干し柿。これまた庭での自給を目指して、渋柿の苗木を植えて育てたいと目論んでいるところです。

蜂蜜と蜜蝋

雄一郎

高知の豊かなギフトエコノミーの中でも、ひときわ心浮き立つもののひとつが「蜂蜜」。ご近所さんが養蜂をやっていて、時々「蜂蜜を絞ったあとの蜂の巣」をバケツごとおすそ分けくださるのです。

「絞ったあと」と言っても、まだ蜂蜜は残っています。ざるで漉すこと数日。貴重なニホンミツバチの蜜が瓶いっぱいに溜まります。

残った巣は蜜蝋に。やり方は簡単。汚れてもいい鍋を用意して、熱したお湯で巣を煮溶かします。それをさらしなどで漉し、そのまま冷ませば、黄色い蜜蝋の部分だけが上に溜まって固まります。1〜2回繰り返すと不純物が減り、見る見るうちに黄金色の蜜蝋の塊のできあがり（排水管が詰まるので、くれぐれも廃液を排水管に流さないように！）。

油と混ぜれば、使い心地のよい蜜蝋クリームに。床や壁に塗る蜜蝋ワックスとしても抜群の使い心地。靴磨きにも使えます。油はボディケア用にはホホバオイル、ワックス用には台所にある菜種油で。蜜蝋と油を1対9くらいの割合で保存瓶に入れ、湯煎にかけて、割り箸などで完全に溶かし混ぜるだけ。冷ますと、ほどよいクリーム状になり、蜂蜜の甘い香りに癒やされます。

畑のブーケ

麻子

友人の家を訪ねる時や、小包を送る時、畑の花でブーケをつくります。畑や庭に飛び出して、あちらこちら歩きながら探せば、ハーブや野の花、野菜の花など、たいてい何かしらが見つかります。

こぼれ種から育ったカモミールやコリアンダーの花、鮮やかな色の春菊や菊芋の花。ミントやヴェルヴェーヌ、レモンバーム、タイムにローズマリー。ハーブはフレッシュハーブティーとしてたのしんでもらえるし、乾燥させればドライハーブにもなります。ハーブや野菜の花は、エディブルフラワーとして料理にも使えます。

少し水切りをしてから、麻ひもなどで束ね、新聞紙でふんわりと植物がのぞくように包むと、素朴で良い感じに仕上がります。

庭にたくさん繁っている、これといって特別感のない草花やハーブでも、摘んで束ねてブーケにすると、思いのほか喜んでもらえます。花を贈られる、というのはやはり特別なこと。自分でブーケにすればごみも出ず、お金も時間もかからない。ささやかなギフトです。

誕生日には「買わないギフト」

麻子

山のふもとの生活は、買い物に行くのも一苦労。ふらっとお店に立ち寄って素敵なものに出会う、ということはまずありません。

でも、誕生日は年に一度の特別な日。離れて住む友人には誕生日プレゼントに小包を送ります。箱に詰めるのは、身の周りにあるもの。家の中をぐるりと見回します。目に入るのは……

- 野草茶
- 畑の野菜
- 保存食の瓶詰め

それに雑誌や新聞の切り抜きやメッセージを添えます。

手元の野草茶を使って、その人のための「バースデーブレンド」をつくります。友人のことを思い浮かべながら、インスピレーションで調合します。グラシン紙などの薄紙に包んでから、厚めの紙で包み、植物染めの紐で結びます。

かごを片手に畑や庭をぐるりと一周して、野菜やハーブを収穫します。花が咲いていれば素朴なブーケをつくることもあります。秋冬なら、ぬらしたティッシュで茎元を覆い、リュースのプラスチックの袋でくるんでから新聞紙で包みます。野菜も新聞紙で包み、ブーケは一番上にのせて、新聞紙をくしゃっとさせたものをふわりとのせて封をすれば、案外つぶれずに届きます。


わが家のパントリーには季節ごとにつくりためた保存食がずらりと並んでいます。ジャムは、新聞紙に包んで箱の真ん中あたりにいれると緩衝材も不要です。手製の梅干しや味噌を喜んでくれそうな人には、小瓶に詰めなおして。それぞれの好みを思い出しながら、あれこれ考えるのもたのしい時間です。

メッセージは必ず。長めの手紙を書くこともあります。便箋は使わないので、段ボールを切った厚紙や、子どもが描いた絵の裏を使ったりします。

近所にある山の上の本屋「うずまき舎」に本を選びにいくこともあります。今日はどんな本に出会えるだろう？　そんな時間は私にとってのギフトでもあります。時には、「新しいものではないけれど」と自分の本棚にある本を贈ることもあります。

新聞や雑誌の良い記事はストックしておき、好みに合いそうなものを選びます。活字の情報には、手紙とはまた違う魅力があります。ページをびりっとやぶっただけの気軽さも好きです。「観てよかった映画」や「気になっている映画」のチラシをいれることも。すでに上映終了していたり、場所によっては観られないものもありますが、ひとつの「情報ギフト」として。意外と頭の隅に残って、いつかどこかのタイミングで何かとつながることもあるかもしれません。

これが私の誕生日の贈り物。ささやかで素朴なものばかりですが、「気持ちを届ける」イメージで、毎回たのしんで小包をつくっています。

変化のための小さなアクション
【暮らしの喜び編】

- □ 季節の恵みを感じる
- □ マイボトルをフル活用する
- □ お菓子を手づくりする
- □ 買わないギフトを贈る
- □ 道端の植物をコップに生ける

服部家の
やってみたいこと

庭を果物の楽園にする

（麻子）

ドライフルーツやナッツを少しでも庭から自給する

（雄一郎）

6
なりわい
仕事とお金

カリフォルニア・バークレーで得たもの

雄一郎

町役場でごみと出会ってから数年。ついには4歳の障碍児＋新生児を連れて、アメリカの公共政策大学院にごみ留学したわが家。住んだのは、全米一リベラルな都市とも言われるカリフォルニア州バークレーでした。

2年間、「日本とはまったく違うごみ模様」を、住人の立場から、また大学院生の立場から見聞きできたことは、自分の「ごみ観」を大きく広げてくれました。また、「オーガニック当然！」「ゼロウェイスト当然！」「ビーガン当然！」「LGBTQ当然！」という、アメリカの先進都市ならではの爽やかすぎるリベラル層が、大学の内外で〝堂々たるメインストリーム〟として存在しているのを目の当たりにしたことも、その後の人生に大きな力を与えてくれました。

思えば、日本にいた頃から、自分たちはきっと常にリベラル寄りだったのだと思います。でも、日本ではオーガニックもゼロウェイストも絶望的にマイノリティだし、実際職場も地域もどちらかと言えば保守的だし、友人たちでさえ温度差はいろいろな中、「どうせ自分たちはちょっと変わっているのだろう……」という、どこか後ろ向きな意識が頭を離れることはありませんでした。いつも遠慮がちと言うか、「あまり色を出しすぎないように」「なるべく違和感を与えないように」と、何となく注意しながら過ごしてきた感があります。

それに引き換え、この「リベラル全開」のバークレーの人たち。「リベラルってこんなに堂々としていていいんだ！」と感じ入りました。しかも、みんな理路整然としていて、明るくて、オープンで、感じがいい。その「ブレない」「揺らがない」パワーみなぎるあり方は、その後の自分のひとつの大きなモデルになりました（気弱な日本人としては、いつもそっくりそのまま真似られる、というわけでもないですが）。

今も、暮らしの中で「う〜ん、これは……」ということが出てきた時、よく「バークレーの人たちだったらどうするかな？」と頭の中でイメージします。彼ら／彼女らは、間違ってもウジウジせず、間違っても後ろ向きにならず、決して自分を卑下することなく、より良い未来への信念を貫くはず――しかも感じ良く！　そこには、「良心」にも似た、絶対的なプライドのようなものさえ感じられる。そのポジティブさを体感できたことで、僕たち自身、〝世間とズレているからこそ〟の役割にもより自覚的になれたし、「信じる道を進む価値」もより確信をもって感じられるようになったと思います。

バークレー。留学当初は、ごみの専門家として国際機関で働けるような自分を目指していたのですが、それとは別次元の大きな収穫も与えてくれました。

南インドでの気づき

雄一郎

バークレー留学後は、家族で南インドのチェンナイに半年滞在し、ごみのNGOの短期プロジェクト要員として働きました。生まれて初めての発展途上国。裸足で行き交う人々。路上で眠る人々。壮絶な環境汚染に、累々と広がるスラム街。子どもたちは現地のフリースクールに通い、家族で次々に病気にかかる日々。人生でも一、二を争う濃密な6カ月でした。

滞在も終盤に差しかかった頃、僕は連日ネットで次の雇用先を探していました。日本に戻るのか、また別の国で働くのか？　そして、思いつく限りの国際機関や環境団体の人材募集を見比べる日々を過ごしていました。

「次なるステージ」にワクワクしつつも、「条件はどうか？」「自分は本当に採用してもらえるのか？」「次の引っ越し先ではどんな生活が待っているのか？」とありふれた不安要素に頭を悩ませてもいました。〝より良い仕事〟を得るために、「少しでも自分を良く見せないと……」「もっと競争力ある人材にならないと……」と自分を追い詰めてもいて、そんなプレッシャーがこの先も続いていくであろうことに、漠とした違和感も覚えていました。

オーロヴィルという町に3泊ほどの小旅行をしたのは、ちょうどそんなタイミングでした。

フランスからの入植者たちが荒野を切り拓き、30年かけて築いてきた、世界的なエコビレッジ。その静謐な森の中にある「アフサナ」というゲストハウスに滞在し、サンクチュアリのような空間に、文字通り、電撃のようなものを感じたのです。

自然のただ中にある、完璧に清められた世界。草や木の葉のひとつひとつが生き生きとしたエネルギーを放ち、歩く足の下には大地のオーラが感じられる。自分が思い悩んでいた「少しでも条件のいい仕事を勝ち取らなければ」などという思い煩いとは遥か別次元にある、圧倒的な魅力を放つ世界に陶然としました。

「こんな心地よい世界に、自分も住みたい」――理屈もなしに、そう感じていました。オーロヴィルには世界各国から人が集まり、ソーラー発電やコンポストトイレ、廃材の窯で焼いたパン、自然農法など、エコロジカルな営みの数々が生き生きと繰り広げられています。

その様を見ていて、突然気づいたのです。自分はずっとサスティナビリティを志向していると思っていたけれど、実はそれらを〝机上で論じる〟ことしかしてこなかったのだと。そして、自分だって本当は、机上で論じるだけでなく、それらを〝生きてみたい〟のだと。

純粋に湧き出た思いでした。

環境政策を学び、環境問題の改善に貢献したいと願っていた自分。実際、政策なくして世界を大きく変えることは困難です。今でもその思いは変わりません。その一方で、「政策では到達しえない次元」もあるのだと見せつけられた気がしました。高度な理論や分析では決して見えてこない何か。どんなに正確な統計を取っても、秀逸な経済分析をしても、永遠に近づけない何かが、そこにはあるような気がしました。

何より、「そういう暮らし」がしたいと思いました。自分自身がよりサステイナブルな暮らしに移行して、それをたのしみたい。そしてそのたのしさが、もしほかの人たちにも少しずつ伝わっていったとしたら――もしかしたら、それこそが、自分にできる「社会を変えること」なのではないか。そんな風に感じました。

こうして、都会のオフィスに勤務しながら環境問題に取り組んでいくという可能性は、自分の中から吹っ飛んだのです。不安はまったくありませんでした。むしろ、「まったく新しいことに踏み出すのだから、せめて30代のうちにはじめたい。急げ！」という心境でした。社会的な肩書きから離れて、よりダイレクトに「世界の一部」となって、自分たちなりのメッセージを発していけるであろうことに、ワクワクしていました。

そして帰国。たまたま訪れた高知の山の強い光に引き寄せられ、何のゆかりもなかった高知県への移住を決断。２０１４年の９月、晴れて移住実現となりました。

まさかの自営業に至るまで

雄一郎

「高知県の山のふもとで、カフェをやったり、お菓子を焼いたり、時々翻訳をしたりする自営業」――これは、自分自身まったく思い及びもしなかった未来でした。

移住して7年、このほかにも、オンラインショップ、ワークショップやイベント出店、NGOのオンライン業務、文筆やトークイベントなど、実に雑多な〝仕事〟をしてきました。

正直、収入は不安定だし、胸を張れるようなゆとりはまったくありません。ただ、たのしさはあります。多様ななりわいを持つ良さは、「決して飽きが来ないこと」。いつもフレッシュな気持ちで取り組める。そして、ひとつひとつは大きな収入を目指さなくてもいいので、プレッシャーが少ない。さらに、それぞれが有機的につながることで、ひとつの仕事ではつくり出せない種類の創造性が生まれる。リスク分散のメリットもあって、昨年からのコロナ禍でカフェやトークイベントは打撃を受けたけれど、翻訳や文筆やオンラインショップはまったく大丈夫でした。

「ひとつの職業」にとらわれなくなったのは、藤村靖之さんの名著『月3万円ビジネス』（晶文社）の影響によるところが大きいです。これを読んでいなかったら、そして、「小さななりわいを組み合わせて生きていく道もある」という発想に出会っていなかったら、きっと今も常識に縛られて、「ひとつの職業」を追い求めていたと思います。

僕の場合は、29歳で町役場のごみ担当職員になれたことが人生の大きな転機となったわけですが、その時の「世間的な意味でのキャリアを捨てる」という感覚も、ひとつ人間としての大きな解放となりました。転職のきっかけは、子どもの誕生で価値観が大きく変わり、その中で「本当に大切なものが見えた」というか、何の迷いもなく「自分はこっちの方向に行ってみよう」と思えたからなのですが、「自分自身がそう思えた」というのと同時に、妻の麻子さんが「それでいいと思ってくれた」というのも大きかったと思います。

配偶者としての麻子さんの非常にありがたい点は、夫に「上向きのキャリア」や「安定した収入」を一切求めないところ（お金の管理が苦手で、収入が不足していることに気づきもしないというゆえでもある）。常に、「もっとワクワクすることしよう！」「お金なんてどうとでもなるから！」という超楽観的かつ本質型の人間なので、常識的な考え方をしがちな僕も、ついそれに引っ張られたところがあります。

そして、流れのままに海外をめぐり、さらにキャリア路線から外れていき、ついにはこうして、山のふもとで完全自由業の暮らしをしている今。地方移住者としては特にめずらしくもないライフスタイルですが、社会全体から見れば、やはり圧倒的に少数派。大学や大学院の同級生にも、こんな人間はほとんどいません。

環境問題に開眼し、自分自身の適性とも向き合い、「自分はむしろ個人として生きる中でこそ、自分らしく社会にさざ波を起こしていけるのでは？」と考えての地方移住でしたが、それでもなお、「奨学金をもらって海外の大学院まで行きながら、山のふもとでお菓子焼いてるのって、どうなんだろう（社会に全然恩返しできてない……）」という後ろめたさは、特に生活が安定しなかった当初はゼロではありませんでした。

でも、自分には紛れもなく、これが正解だった。一般にイメージされるような社会的な働きとは無縁で、人からはほめられないかもしれないけれど、実際これまでの勉強や経験は今の暮らしや仕事につながっていて、広い意味ではそれを社会に還元できている。逆に、わりにリーダーシップに欠けるタイプの自分が組織的な仕事を続けていたとして、本当の意味で価値ある仕事ができていたかどうかはまったく自信がありません。

今の自営生活は、そういったすべてと向き合った先にあります。根っからの自由人である麻子さんには無縁な葛藤だったかもしれないけれど、僕にとっては、これは「勇気をもって手に入れた自由」だった。そして、「幸運にも手に入れることのできた自由」だった。縁あって「人がわざわざ選ばない生き方」をすることになった今、オルタナティブな暮らしの可能性を伝えていくことは自分の役割でもあるように感じます。そして、こんな小さな暮らしだからこそ見えてくるもの、小さな暮らしだからこそ生み出せるものを大切に、幸せなさざ波を地球に返していけたら、と思うのです。

自分の仕事を自分でつくる

麻子

大学も卒業間近。就職活動をする気になれずにぐずぐずしていた私の卒業後の予定は白紙でした。大学院に進むような意欲もなく、「とりあえず4月からバイトかな」と思っていた時に、たまたま知人の紹介で、欠員の出た大学事務の仕事につくことができました。その後、転職を経て、第1子の産休に入り、なぜか仕事に復帰する実感が持てなくなり退職。「自分の身は自分で立てる」と決めて、仕事はずっと続けていくつもりだったのに、自分でも予期しなかった展開でした。

夫の留学、カリフォルニアとインドでの生活を経て、転機は2013年。「家族がなるべく一緒に過ごせるように」「やりたいことを全部やる人生に」、そんな気持ちが半年間のインド滞在中に高まり、帰国後は「自営でいこう」と夫婦で決めました。

インドから帰国して、私たちの目の前に残されていたオプションはただひとつ「地方移住」。これまでよりも広めの畑が欲しかったことも大きな理由のひとつでした。ひとまずは京都に仮住まいしながら、移住先を探していました。

私たちがすぐにできそうなことのひとつは「飲食業」。4年間過ごした葉山時代、月に一度、小さな食堂を開いたり、料理のワークショップや雑誌のレシピ紹介の仕事をしていた時期がありました。夫もパンやお菓子が焼けます。

しかし、本格的な開業は、お金もかかるし大ごとです。どうしようかなあ、と思っていた時、日曜朝市に行きました。新鮮な野菜と市場に満ちるエネルギーにすっかり魅了された私。生産者さんから直接野菜を買う体験も初めてで、ワクワクが止まりません。夢中になって毎週のように通いながら、ふと「こんな生き生きとした野菜を、朝市の空気ごと都会の人に届けられたら」と思ったのです。

思いついたらあとはやるだけ。早起きして朝市に行き、野菜を選んで箱に詰め、野菜の説明を書いたお便りも同封して、その日のうちに発送します。自分でも同じ野菜を料理して、調理法と写真をブログにアップ。

最初は知り合いにギフトとして送っていたのですが、少しずつお客さんが増えてきました。とは言え、数はこなせません。がんばってもせいぜい10箱。それでも、何の外部的な力も借りず、初めて「自分ひとりで仕事をつくった」ことがうれしくて、毎週せっせと「野菜便」をこしらえては発送しました。これは高知に移住してからも数年間、仕事の柱のひとつとなりました。

最初の一歩は、いつも日々の暮らしの中での偶然の「思いつき」から生まれます。今の私たちの仕事は、どれも計画性があったり「この仕事でやっていく!」と意気込んで打ち立てたものではなく、「もしかしてこんなことができるかも?」「おもしろそう」「やってみたい」——そんなシンプルな気持ちから生まれたものばかりです。どれも小さく、大きな事業としては成立しませんが、むしろ小さいからこそいろいろとチャレンジできます。まずはやってみて、調整や工夫を重ね、うまくいかなければ一旦寝かせればいい。そんな気持ちではじめれば、たいていは何かしらの形で実現できると思います。やってみなければわからない、やってみれば何かしらがわかる。それに、そもそも失敗したって失うものはほとんどないのです(借金はしない、初期投資はすぐに回収できる額まで、というのがわが家の原則)。

「自営の第一歩」を踏み出してから8年。初期から続けているものも、寝かせているものも、新しく生まれたものもあります。こんな風にこれからも変化し続けながら、「小さな仕事を組み合わせて」暮らしていくことがとてもたのしみです。

Column

開業準備も“自然採集”

雄一郎

ADHD傾向のせいで、日常的には困ったことも多い麻子さん。でも、もちろん、「だからこそ」の強みもあります。深く考えず、直感にまかせて、野性的にチャンスをつかんでいくのはお手の物。本人曰く、「私、狩猟採集時代に生まれてたら大活躍できたと思う」……!!!

その採集本能は、暮らしの中にもバッチリ活かされていて、たぶんわが家は一般的な家庭より段違いに「いただきもの・拾いもの」が多いです。

一般的には数百万円かかるとも言われるカフェの開業準備も、麻子さんの手にかかれば、ほとんど〝自然採集〟の世界。とりわけ親しいわけでもない知人のそのまた知人（つまり赤の他人）のところで雨ざらしになっていた業務用シンクをゆずり受け、別の知人の庭の片隅にころがっていた手洗いシンクに目をつけてゆずってもらい、カウンターは親のパート先から、テーブル各種＋椅子10脚は友人たちから。そこに、やはり友人からゆずってもらった陳列棚や作業台を配置して、ほぼ完成（その他水道工事などもしたので、数十万円はかかりましたが）。

引っ越しの際もすべて次の持ち主が見つかり、捨てるものも手元に残るものもゼロ。このミニマルさは、ギフトエコノミーの理想形。モノは活かされ、お金はかからない。人とのつながりの中から新たなストーリーも生まれる。これからも開業準備は常にこのスタイルでいきたいと思いました。

家、家、家

雄一郎

16年で8つの家。様々な住環境に身を置いてきました。今の家に至るまではすべて借家。「自分たちらしい家」を求める余地はほとんどありませんでした。

初めて意識が変わったのは、インドのエコビレッジを見て、「こんな暮らしがしてみたい！」と思った時。美しい自然があって、太陽光発電や雨水利用があって、自然素材で、太陽熱温水器やバイオガス発電設備やコンポストトイレもあって——借家ではそこまで大胆なことはできないな、と思い、初めて「家を持つこと」を視野に入れました。

帰国後、坂口恭平さんの『独立国家のつくりかた』（講談社現代新書）や高村友也さんの『スモールハウス』（ちくま文庫）を読み、なるべく「小さく」「安い」家を持てないものかと真剣に考えるようになりました。小さな家は環境負荷の面でも理にかなっているし、自分でセルフビルドできれば、建築費用も数百万円。ネットで事例を調べ、実際にセルフビルドした知人の家を見学し、人生初の工具セットを買い、『350万円で自分の家をつくる』（エクスナレッジ）という本まで買い揃えて、「家をつくるぞ！」と気持ちを盛り上げていきました。

そして、高知に移住。最初に住んだ家は、けわしい山の中。かなり傷んだ古民家で、トイレもなし。そのままでは住めません。でも、理想に燃えていた僕たち。「床を張り直して、壁を塗り直して、台所にタイルを貼って、庭を手入れすれば、絶対にすばらしい家になるよ!!」と熱く語り合い（嗚呼、無邪気……）、渾身のコンポストトイレも自作して（＝人生初のDIY作品）、意気揚々と入居しました。

……しかし、入居後の暮らしの何とハードだったことよ（涙）。さっさと床を張り直そうと床を剥がしたら、カビだらけ＆シロアリだらけの朽ちた床下に失神寸前。根深い修理はいつまでも終わらず、床を剥がしたままのブルーシート暮らしが何カ月も続きます。自信作だったコンポストトイレは、不注意から1カ月で虫が湧き、またもや失神寸前（※くれぐれも、不注意が原因なので、コンポストトイレ全般を否定するものではありません）。そのあとは台所にネズミが出没するようになり、またまた失神寸前……。

偏見のない子どもたちの「いいおうちだね♡」という言葉には心底救われたし、近所のみなさんが親身になって助けてくださり、そのあたたかさと「山で生きる知恵」には感銘を受けるばかりでしたが、むしろ自分たちの「生きるスキルのなさ」と「根性のなさ」が際立つばかり。薪ストーブの煙突の取り付けで屋根から落ちそうになったり、山道で脱輪し、集落の方に救出していただいたり。やっとのことで床と壁を張り直した家も、期待したほど輝やかしくはなく、すきま風や雨もり、湿気など問題が山積み。気持ちはいつしか蝕まれ、当初の開拓精神は脆くも崩れ去ってしまいました。

この一年半の山暮らしは人生最大の学びのひとつです。

痛いほど学んだのは、願望とは裏腹に、自分たち二人はサバイバルにもセルフビルドにもまったく適性がないということ。そして、自力でやろうとすると、かなりの材料や道具を抱えることになり、半端なごみも大量に出ること。逆に少量買うと驚くほど割高だったり、天然素材を貫こうとすると結局は予算がふくらんでしまったりすること。

つくづく、やってみて本当によかったと思います。もう一生、何の未練も抱えずに済むし、変な出来心を起こす心配もありません。『350万円で自分の家をつくる』は、1ページも読まないまま、大工仕事が得意な友人にゆずってしまいました。

今後は、自分たちの限られたエネルギーを、もっと得意な分野に使おうと二人で決めました。「セルフビルドができる人」になりたかったけれど、きっと自分たちにはもっと別の適性と役割があるのです。数年後、土地が見つかり、いよいよ家を建てることになった際は、迷わず大工さんにお願いしました。

山での過酷だった一年半。でも、考えようによっては、これ以上の経験はありませんでした。あんな住環境、以前住んでいたインドの人たちの暮らしを思えば、本当は何でもなかったのです。それに、ある意味「エコ」ではあった。

「エコ」とは果たして何か？　自分たちにとっての最善は何か？　文字通り、自分たちの「殻を破る」ことによって、僕たちは山の中の家から本当に多くを学んだのでした。

山で開けた翻訳への道

雄一郎

『ゼロ・ウェイスト・ホーム』を皮切りに、ここ数年、何冊もの本の翻訳をする機会に恵まれたのは、本当に不思議なめぐり合わせです。

もともと20代前半から翻訳という仕事に興味があり、翻訳学校に通ったり、大学院で翻訳論を勉強したりしていましたが、翻訳で食べていくのは思った以上に難しそうで、踏み出す勇気を持てずにいました。翻訳には「専門分野」が不可欠です。当時の自分は文学やアートの翻訳がしたいと思っていましたが、そんな憧れみたいな思いは何の強みにもならない。翻訳のトライアルに応募したこともありますが、引っかかるはずもありません。

その後、子どもが生まれて、町役場でごみの仕事に目覚め、アメリカやインドにも行って、高知の山の中に移り住んで、慣れない古民家の改修に追われ……と、喜劇さながらのドタバタ生活。翻訳のことなど、遠い彼方に完全に吹き飛んでいました。

そんなある日、気づいたのです――貯金通帳の残高がどんどん減ってきたことに。

移住直後、思い描いたほどスムーズに生活環境が整わず、自営の暮らしがなかなか軌道に乗らなかった頃でした。残念ながら、すぐには生活の安定は望めない。これはもう背水の陣、

「とにかく収入につながりそうなことを何でもやってみるしかない！」ということで、持てる可能性を総動員。「はて、自分の特技は何だっけ？」となった時、「そう言えば、翻訳！」と思い出したのです。

ネックは「専門性」という高い壁。「でも、ごみの本なら、今すぐ訳せるかもしれない」、そう思えた自分をただただ褒めたいです。

海外でベストセラーになっていたベア・ジョンソンの本に狙いを定め、「とりあえず企画書を書いてみないことにははじまらない」と、ワードで簡単な企画書を作成。「でも、どの出版社に送ろうか？」そう思った数時間後に知人から電話があり、翌日、山の上で開かれる夕食パーティに招かれました。その席に、たまたま東京から来ていた出版社の編集者さんが居合わせたことが運命を変えてくれました。

と言っても、まさかいきなりごみの本を出してもらえるとは思わない僕は、何の下心もありません。単に「どの出版社なら興味を持ってくれそうか、アドバイスをもらいたい」の一念でしたが、折悪く妻は出張中。5歳児と1歳児を連れて出向いた夕食パーティは過酷そのもの。下の子がスープをひっくり返し、平謝りに謝って、手取り足取り食事のお世話をさせられて……向こう側に座っている編集者さんとは一言も会話ができません。もう時間切れ、残念、やっぱり無理だった……後ろ髪を引かれながら帰り支度をし、子どもにギューギュー手を引っ張られながらも、それでも諦めきれずにカバンからしわくちゃの企画書を取り出して、片手で編集者さんに差し出したこと。それを見た編集者さんが「こういう内容の本もおもしろそうですね。企画書を拝見してご連絡します」と言ったこと。その後の展開は、ほとんど映画の中に迷い込んだも同然でした。

そして今。1冊、また1冊とご縁がつながって、20代の頃、完全に諦めていた「翻訳の夢」が、めぐりめぐって、いつしか形になってきたことに自分でも驚いています。しかも、「専業の翻訳家」ではなく、時々思い出したように翻訳する「暮らしの一部としての翻訳業」。山のふもとでカフェをやったり、お菓子をつくったり、「いくつものなりわいのひとつ」として位置づけたからこそ開けた可能性でした。

専門性がないことを引け目に感じていた20代。アート→ごみ留学→地方移住と、あまりに一貫性のない変遷を遂げ、「やっぱり自分は何ひとつ専門性を身につけられなかったな……」と自嘲していた30代。振り返れば、はるか昔の翻訳の勉強、ごみの仕事、大学院で学んだこと、アメリカとインドでの英語生活、地方暮らしで実践していること。すべてがつながり、今の翻訳の仕事を支えてくれています。

「こんなに滅茶苦茶だったのに、全部がつながった」——その昔、スタートラインにつくことすら叶わなかった翻訳の世界は、高知の山の中で大きな扉を開けてくれました。

クリエイティブなお金の使い方

麻子

お金を使うなら、「めいっぱいクリエイティブに！」と思っています。「払う」よりも「手渡す」。「使う」よりも「生かす」イメージです。

もちろん、長期的な目標のための貯蓄は必要です。けれど、それ以上に大切なのは「私に与えられたお金（＝力）をどんな風に社会に手渡していくか」ということ。たとえば、「量販店で安く大量に買う」よりも「本当に必要なものを選んで、信頼できるお店や人にお金を手渡す」ほうが、お金が「生きる」ように思うのです。

「応援したい」と思うお店や人から買うことは、モノやサービスを手に入れるだけでなく、価値ある仕事をしている人に対しての「ありがとう、応援しています」のメッセージにもなります。「このお店があってありがたい」「この人がつくるものを使い続けたい」と思う人たちに、「どうか続けてください」と「お金を託す」つもりでお支払いします。同じ市販の品を買う場合であっても、巨大な安売りスーパーではなく、良質な商品を積極的に置いている意識的なスーパーで買うのは、そのほうがずっと気分が良いから。つい「節約しなければ」と思いがちですが、「意識的に使う」ことで、気持ちが「罪悪感」から「満足感」にシフトします。

私にとって、「好きなカフェに行くこと」は決して「無駄な出費」ではありません。もちろんたのしみのためなのですが、同時に自分のメンタルヘルスのためでもあるし、カフェには地域のセイフティーネット（社交と情報交換の場）としての価値もある。お代はコーヒー一杯分、たったの500円とささやかではありますが、場が活性化することで、さらに良い流れが生まれるような気もします。また、店主への信頼も重要なポイント。「私が手渡したお金を、この人だったらきっと良い形で使ってくれる」、お金はそう思える人に手渡していきたいと思っています。

思考停止になりがちな光熱費や車の諸経費も、実はいろいろ工夫ができます。わが家は電力会社を自然エネルギーの「ハチドリ電力」に移行しました。ガス屋さんやトイレの汲み取り業者さんは、担当の方が感じの良い人であることを重視します。ガソリンも、笑顔の素敵な方の個人経営のスタンドで。車検や修理も、立派なカーディーラーより、小さな困り事や相談に親身に対応してくれる地元の修理屋さんにお願いします。

「自己投資」と「社会投資」も重要なポイント。「体験」は、壊れたりなくなったりせず、一生自分の中に蓄積されます。文字通り「一生もの」なので、「体験してみたいこと」に節約は禁物！　むしろ積極的に使います（人や場所に会いに行く、本、映画、美術館、舞台、作品の購入、寄付など）。それは「より豊かで多様な社会」をつくっていくための「社会投資」

でもあります。

こういった使い方は「価値ある経験」なので、後悔することがほとんどありません。「やってみたい」「観てみたい」「感じてみたい」という気持ちを実現することはすべてクリエイティブ、と言えると思います。

また、環境問題が深刻になりつつある現代においては、「いかに環境負荷の低い選択をするか」も大切なテーマです。「お金を価値あることに使う」という視点に立つと、「安い」「便利」「お得」、はたまた「ストレス発散」を理由とした使い方が不思議なことに自然と減っていきます。

お金を使うのであれば、自分にとっても、社会にとっても、地球にとっても、最大限の効果を生むように。お金は、「気分良く」「うれしく」「感謝とともに」手渡す。これが私にとっての「クリエイティブなお金の使い方」です。

人が開く

麻子

新しい人に出会うと「この人は何ができる人だろう?」と興味深々、いろいろ質問をします。その人が「どんな人か?」は少しずつ時間をかけて知っていくもの。でも、「何ができるか?」はもっとシンプル。そこを糸口にして「どんな人なのか?」を知っていくのもまたたのしい方法です。

本人が気づいていなくても、人はたいてい10個くらいは得意なことがあって、それを宝探しのように見つけていく。これは、私の趣味といってもいいかもしれません。行きつけのカフェで出会った素敵な女性が、実は書道やカメラや短歌をやっていて、職業は看護師さん、休日は浴衣姿で軽やかに原付に乗っているだなんて、ちょっと見ただけでは思いもよらず、「この人はいったいどんな人なんだろう?」と想像するだけでもワクワクします。

日本人には謙遜の文化があるので、「何が得意ですか?」と本人に聞いても「これができます」「これが得意です」といった答えは、まず返ってきません。やはり、ちょっとした工夫が必要。「どんなことが好きですか?」「お休みの日は何をしてるんですか?」と反応を見つつ、失礼にならないように気をつけながら、じわじわと踏み込んでいきます。

「何かやってみたいことはありますか?」というのは私がよくする質問です。「母が洋裁の仕事を長くやっていて、自分も好きなんです」という方には、エプロン製作や子どもの洋服のお直しをお願いしてみたり、前述の写真が好きな女性には、イベントや商品の撮影をお願いしたり。場合によってはニーズの合う方におつなぎすることも。

才能があることに気づいていなかったり、「自分なんて……」と持っている能力を使っていない人があまりに多いのが残念です。ほんの少しのきっかけで、それぞれが自分の才能や能力を活かして、それを循環させたら、社会はますますたのしい場所になっていくはず。

得意なことが結果的に本当の仕事になることもあるし、プライベートでギフトエコノミー的に活かすこともできます。思いがけず人助けになることも。得意なことは、本人にとっては当たり前すぎて気づかないことも多いので、外側の人間が「これは特別な才能ですよ」「特技だと思います」「それ、やってみたらいいと思います」と積極的に伝えることで、何かが動きはじめることもあると思います。

どんなささやかなことにでも、その人にしかできない表現がある。それを人に手渡していくことで、自然と可能性やご縁が広がっていくと思います。友人や知人はもちろん、あらゆる人に、ぜひ得意なことや好きなことをどんどんやって、無限の輝きを放ってほしい！といつも熱望しています。

変化のための小さなアクション
【なりわい編】

- □ あきらめていた夢をもう一度思い出す
- □ やりたいことを書き出す
- □ 趣味や特技を人のために役立ててみる
- □ 人の特技を見つけてほめる
- □ 応援の気持ちでお金を使う
- □ 新鮮な目で自分や人を見つめてみる

服部家の
やってみたいこと

まとまった額の寄付ができる経済力の余裕を持つ。
体験型のゲストハウスをはじめる
（麻子）

きちんとお金を整理してダイベストメント。
いつかタイニーハウスで暮らす
（雄一郎）

エイドリアンはぜったいウソをついている
ギフトエコノミー
プラスチック・フリー生活
ゼロ・ウェイスト・ホーム

占いの
幸せを
人気占い師・ゲッターズ

7
体と心と身だしなみ

家族のヘアカット

麻子

20年来、夫の髪を切っています。まったくの素人カットですが、夫は仕上がりにさほどこだわりがなく、「髪を切りに行く時間が惜しいから助かる」と言ってくれます。

三人の子どもたちのヘアカットもしてきました。特別支援学校に通う高校生の長男は、将来の自立を見据えて、月に一度、ヘルパーさんに付き添ってもらいながら理容院に通うようになりました。15年間続いた彼のヘアカットも、ひと区切りです。

私自身は年に一度美容院に行っていたのですが、ふと「もしかしたら自分で切れるかも」と思い、勇気を出してチャレンジ。髪はいつも結んでいるので、多少失敗しても気になりません。ヘナ染めも自分でやっています。美容院の予約や出向く手間もなく、思い立った時にできるのが気楽で気に入っています。加えて経済的でもあります（家族分となるとけっこうまとまった額に）。

そんな私にも変化が。実は5年ぶりに美容院に行きました。環境に配慮している美容院があると聞いて、「そんなところだったら行ってみたい」と思ったのです。私はカットとヘナ、娘は長く伸ばした髪のヘアドネーションをお願いしました。丁寧なカットのあと、オーガニックヘナを使い、洗い流しはオーガニックミックスハーブで。植物性の原料なので、香りも使い心地もまったく違和感がありません。仕上がりは想像以上。オーナーも魅力的な方で、環境に対する考え方や取り組みなどのお話しもたっぷり聞かせていただいて、充実の数時間でした。セルフカットも良いけれど、プロの仕事は「さすが」の一言。これからはセルフカットと美容院、両方をたのしんでいきたいと思います。

スキンケアはシンプルに

麻子

洗顔は、朝はお水、夜はお風呂のお湯で。お化粧はせず、日焼け止めの代わりに帽子をかぶります。

化粧水や乳液も長らく使っていませんでしたが、数年前、友人から芳香蒸留水や蜜蝋クリームをプレゼントされました。使ってみると断然気分が良い。当時の「自分をケアしたい時期」にも合っていたように思います。そんなわけで、今使っているスキンケア用品は「芳香蒸留水」と「蜜蝋クリーム」の2種類。どちらも友人の手づくりです。

芳香蒸留水は、高温の水蒸気で植物の成分を抽出したもの。よもぎや月桃など、身の周りにある植物からつくられます。お風呂上がりや洗顔後に使うと、香りも良く清々しい気分になります。冬場の肌の乾燥には蜜蝋クリーム。全身に使えます。どちらもケミカルなものが一切入っていないので、水も汚さず、気持ちも楽です。

化粧品がないと、買い物も減り、旅の時も荷物が少なく身軽です。空になった容器は再利用できるので、パッケージのごみもなし。「全方位に軽やか」なのが気に入っています。

体のメンテナンスも自給

麻子

体のバランスが崩れやすいほうです。わりに無理がきかず、ちょっとした不調が日常生活に響く性質なので、「いかに体調良く過ごすか」は大事なテーマです。日常的に気をつけていることは、一にも二にもとにかく睡眠。8時間以上が理想です。目が覚めたら、まず布団の中でもぞもぞとストレッチみたいな体操をします。冷たいものは夏でもあまり飲まず（でも好物のコーヒーフロートだけは別）、本当は小食にすると良いのですが、食べることが大好きなので、自分が食べたいと思うものを好きなだけ食べます。我慢や無理、「こうしなければ」は最小限に、たのしく、うれしく、気持ちよく、を選ぶようにしています。

心の健康も体と同じくらい大事。ストレスからはできるかぎり遠ざかり、「やりたいこと」を「やりたい時にやる」のも健康法のひとつ。たのしい運動も効果的です。3年前に合気道をはじめてから、肩こりがなくなり、冬に風邪をひきにくくなりました。寒い時期には朝に畑仕事をすると、しばらく体がぽかぽかしています。

「風邪をひいたかな？」と思ったら、あたたかいもの（生姜と梅干し入りの温麺や具沢山のお味噌汁）を食べ、お風呂に入って体を温めて、早めに寝ます。冬は湯たんぽを忘れずに。

お灸も体に合っているので、手軽な「せんねん灸」をよく使います。自分で足裏マッサージをしたり、ツボ押しも取り入れ、子どもたちには毎晩寝る前に簡単なマッサージをします。代替療法も好きなので、医療費が高額なアメリカに住んでいた頃は、病院よりもかなりリーズナブルなホメオパシーのクリニックに通ったり、インドではアーユルヴェーダも試しました。代替医療の病気や不調のとらえ方（体を部分でなく全体で見る）は興味深く、また、施術者との相性やタイミングもポイント。自然治癒力への信頼をベースに、効果も含めて「自分で感じて決める」という点が私にはしっくりきます。

セルフケアの良いところは、不調を感じたら家ですぐにできること。体調が良くない時は、外に出るのも一苦労。ゆっくり体を休め、何かしらの手当てをすれば、小さな不調は自然に回復すると感じています。

もちろん、「いつもと違う」と感じたら病院のお世話になります。ただ、医療システムや国の財政負担軽減のためにも、自分自身や環境のためにも、できるだけ病気になりにくい生活を心がけることが大切だと考えています。

体の不調は「体が休みたがっている合図」、あるいは季節の変わり目や年齢など「体のバランスが切り替わるタイミング」ととらえると、自然に受け入れながら、付き合っていけるようにも思うのです。

なくても平気

麻子

なくても平気なのはまずお化粧。母がノーメイクだったので、ごく自然な成り行きでした。10代の終わりに数年間存分にメイクをたのしんだあと、「これは時間もお金もかかる割には効果が薄いのでは……。それに、ノーメイクで外に出られないのは不便」と思って卒業しました。メイクが不要ならメイク落としもいりません。

シャンプーやボディーソープもなくても平気。石鹸ひとつでこと足ります。石鹸で髪を洗うと髪がきしむので、お酢を水で薄めたものをリンス代わりに使います。水も汚さず、すっきり快適です。デオドラントは重曹と水で自作すれば、効果抜群。

「特別な服」もなくていいと思うようになりました。たとえば喪服や、入学式や卒業式に出席する時の服。友人にゆったりとした黒のシャツとパンツを仕立ててもらい、すべてこの服で通しています。結婚式や改まったレストランに行く時はきれいなストールと二つだけ持っているアクセサリーを合わせます。年に一度も着ない服を持つのは管理の点でも負担なので、汎用性を高く、素材は天然素材を選びます。自分で洗えるのでクリーニングも不要。周囲と大きなズレがなく、「ちょっと変わっている」くらいなら許容範囲内、失礼にならなければよしとして、着心地と快適さ、管理のしやすさを優先します。

「モノのギフト」もなくて平気です。たとえば母の日、父の日、敬老の日、結婚記念日にクリスマス。モノはすでにあふれているので、特に家族については、気持ちを伝えるだけで十分ではないかと思っています。何か贈りたいと思った時には、お菓子や野草茶、ジャムや野菜、食事やお茶に招くなど、できるだけ自分たちでつくった「消えるもの」を心がけています。

頭と体をバランス良く

麻子

ＡＤＨＤの傾向があり、バランスを崩しがちな日々ですが、ある方法で、アンバランスなりのバランスを保てるようになってきました。

それは一日のはじめに、「やることリスト」をつくること。ざっくりと、「やりたいこと」「やらなければいけないこと」「やったほうがいいこと」を書き出します。そして、一日のタイムスケジュールの中に、バランス良く入るように組み込みます。

要素は３つ。「頭」「体」「たのしみ」です。頭は、仕事とＰＣ作業。体は畑、料理、家事。たのしみは、読書、野草茶づくり、自由な時間。

頭をある程度使ったら体を使い、体が疲れたらたのしみの時間、とイメージしながら、午前と午後、それぞれの「ちょうどいいバランス」を具体的に落とし込んでいきます。プラン通りに実行するかどうかは重要ではなく、「今日一日の予定を把握すること」、「実現可能なイメージで動くこと」で、混乱も迷いも減り、動きやすくなります。どうすれば良いか迷ったら、リストを見れば「すべて書いてある」ので安心です。

自営業なので仕事とプライベートが分けにくく、時間の配分が難しいと感じることもありますが、一日を自分なりの「納得したバランス」で過ごせると、「いい一日だったな」と感じながら一日を終えることができます。もちろん、ひとつの仕事に集中する日も、たのしみメインの「休日」になる日もあります。それは一週間、一カ月単位の中でバランスをとっていけばいい。アンバランスなことは、決して悪いことではないし、むしろその「揺れ」や「振れ幅」の中でこそたのしめることもたくさんあると思うのです。

「完璧さ」や「あるべき姿」を目指すのではなく、「自分なりのバランスを見つける」プロセスを大事にしたい。というわけで、「アンバランスなりのバランス」を探し続けながら日々を過ごしています。

服もなるべくエシカルに

雄一郎

以前はデパートやデザイナーズブランドの店で服を買っていましたが、今ではそういった一般的な店で買うことはなくなりました。

決定的だったのは10年ほど前、アメリカの大学院で環境政策を学んでいた時のこと。授業で世界の産業別の汚染ランキングを目にし、「石油産業」や「化学製造」などの〝いかにも〟な名前に混じって、「アパレル産業」が堂々のトップ10にランクインしていることを知ったのです。目を疑いました。染料による水質汚染、綿花の栽培による農薬の多用や水の枯渇など、「きれいな服」の裏には想像以上の問題があることを知り、心底驚きました。

その後、ドキュメンタリー映画『ザ・トゥルー・コスト』を観て、一般的に売られている安い服の大部分が、発展途上国の劣悪な労働環境など、大きな代償のもとに成り立っている実態を知り、そういった構図への加担を少しでも減らしたいと思いました。

その後は、服作りのできる友人に縫ってもらったり、フェアトレードのチョコレートで有名な「ピープルツリー」、エシカルブランドの「Everlane」、「Rawganique」や「Cottonique」のプラスチックフリー下着など、少しずつ「よりしっくりくる服」（完璧に理想的、ではなくても）との出会いが増えてきて、服を買うことが再びたのしくなってきました。

意識的なブランドは急速に増えているので、アンテナを伸ばせば必ず情報が見つかります。もちろん、「新たな環境負荷を生み出さない」という意味では、「セカンドハンド」の右に出るものはなく、「買った服を長く着る」のも大切です。

靴は、サステイナブルを打ち出している「オールバーズ」というカリフォルニアのメーカーのほか、クラウドファンディングも利用しました。イギリスのブランド「ＷＡＥＳ」がプラスチックフリーのスニーカーを開発し、先行予約を募っていたのです（数百人が先行予約することで製造が可能になる）。まだ世に出回っていない、時代に先駆けてつくられたものを応援し、実際に使うことができる――そんな醍醐味を感じる買い物でした。

「買うもの」だけでなく、「買い方」も変わりつつある。そんな時代の変化をたのしんでいる今日この頃です。

子ども服はどうすれば？

子どもの服はすぐにサイズアウトしてしまうし、汚すし、破るし、好みの問題もあるし、「エシカルな子ども服」もほとんど存在しません。わが家は、子どもたちが小さいうちは徹底的に「おさがり」で通しました（経済的にも◎）。大きくなってくるとおさがりが回って来なくなるので、最低限の数を「ギリギリの妥協ライン」で買ったり、パタゴニアやモンベルなどのアウトドアメーカーでなるべく丈夫なものを選んだり。11歳の娘は趣味もサイズもだいぶ大人っぽくなってきたので、最近は麻子さんの友人（小柄な大人の女性たち）からおさがりをいただけるようになって、服の幅が一気に広がりました。先日はエシカルブランドで初めて黒い鞄を購入し、少しずつそんな買い物ができるようになったことが感慨深いです。

とは言え、中高生にもなれば、安い流行の服を着ることになるのかも。それはそれで防ぎようもないけれど、せめて「その裏側にあるもの」を知っていてほしい。知った上で、いつかエシカルな選択に戻ってきてくれたら、それが一番のゴールです。

洋服のマイクロプラスチックに注意！

ポリエステル、ナイロン、アクリル、フリースなどの合成繊維は、繊維状プラスチック、つまり、れっきとしたプラスチック。フリースの服を洗濯機で1回洗っただけで数千個のマイクロプラスチックが排水を流れたという調査結果も。やはり、「防水機能が必要」などの特段の必要性がない限り、なるべく綿や麻やウールなどの天然繊維の服を選びたいところです。

布ナプキンを経て、月経カップ

麻子

初めての出産後、布ナプキンを使いはじめました。オーガニックネルの布を買って、ごくシンプルなものを母に15枚ほどつくってもらいました(私は裁縫が苦手)。使い心地は快適で、ごみも出ず、不思議なことに匂いもなくなりました。その上生理痛もなくなってびっくり。洗濯はそれなりに手間でしたが、重曹水に漬けておけば汚れも落ちやすく、メリットのほうが断然多かったので、「もっと早く使えばよかった！」と思いました。

ところがある日のこと、『ゼロ・ウェイスト・ホーム』を翻訳したばかりの夫が「作者のベア・ジョンソンがすごくいいと言っているから、月経カップを試してみてほしい」と言うのです。私は布ナプキンに満足していたし、そもそも使い捨てナプキンのごみを出していません。何より月経カップを体の中に入れるなんてこわい！と断固拒否。夫は残念顔。でも仕方ありません。

状況が変わったのは半年後。きっかけは合気道をはじめたことでした。飛んだり跳ねたり転がったりの稽古では、布ナプキンだとズレや漏れが気になって集中できません。そこで「そうだ、月経カップという手があった！」

最初はやはり緊張しましたが、慣れればこれほど快適なものはありません。漏れが心配な時は、布ナプキンや使い捨てナプキンと併用します。あの面倒な洗濯もなし！ ひとつ買えば10年は使えます。

旅行も、温泉も、プールや海も、合気道の稽古もすべてクリア。災害時にも清潔にすぐ水さえあれば使えるので、使っていない時もかばんに入れて持ち歩いています。

素材は合成樹脂の中でもっとも安全性の高い医療用シリコーン。人体に悪影響を及ぼす可能性がとても低く、最終的にはごみになりますが、長期間使えること、利便性が極めて高いこと、水や洗剤などの使用量の軽減などメリットが多いので、こういったものはぜひ活用したいです。

欧米では一般的で、ティーンエイジャーも使っているとか。値段はひとつ4000～5000円ほどですが、10年間使い捨てナプキンを使うことを考えると、経済的なメリットもかなり大きいです*。加えてごみゼロ！ 日本では使っている人はまだ少数派ですが、これから広がっていくといいな、と思います。

*一周期の生理で使用する使い捨てナプキンは平均20枚前後。夜用ナプキンも含めナプキン1個約20円とすると、ひと月400円。一年では4800円。

Column

バスルームのプラスチックフリー

雄一郎

バスルームの基本アイテムの大部分は、簡単にプラスチックフリーに変えられます。鍵はやはり、「ミニマル化」。市販の化粧品や洗面用品は、有害な化学物質を多用していたり、「マイクロカプセル」というプラスチックの微細なカプセルを配合して人工的な香りを出しているものが多かったり、というあたりも問題です。環境面でも、健康面でも、より配慮されたものや手づくりのものを使いたいところです。

◎**竹歯ブラシ**……海外ブランドはサイズが大きいので、日本人には、大人でも子ども用がちょうどいいくらい。毛の部分はナイロン製が多いので、ヘッドを切り落とすなど、そのまま土に埋めない工夫が必要です。
◎**シルクのデンタルフロス**……本当に使いやすく、値段もそれほど高くなく、使わない手はありません。ひとつ気になるのは、シルクは動物愛護の点でクエスチョンマークがつく点。真に持続可能なシルクというものはないらしく、植物性のフロスが出てくればいいのにな、と思っているところです。
◎**歯みがき粉**……溶かしたココナッツオイルと重曹各大さじ1にハッカ油2滴ほどを混ぜたものが、わが家のお気に入り。市販の歯みがき粉は様々な化学物質が加えられているので、手づくりはその点でも安心。
◎**固形石鹸＋重曹**……わが家の浴室は、ボディソープもシャンプーもリンスもなし。使うのは固形石鹸と重曹。固形石鹸は小規模な店で手づくりされた純石鹸が断然上質でおすすめ。シャンプーも固形石鹸か重曹で。重曹は、スプーン1杯を1カップ程度のお湯に溶かして使います。リンスはお酢やクエン酸など、酸性のものをお湯に薄めて使うとサッパリ！
◎**その他**……トイレブラシはドイツのレデッカー社の天然素材（植物繊維＋木）のブラシを使っています。お風呂のフタには1枚数百円の桧の板を。

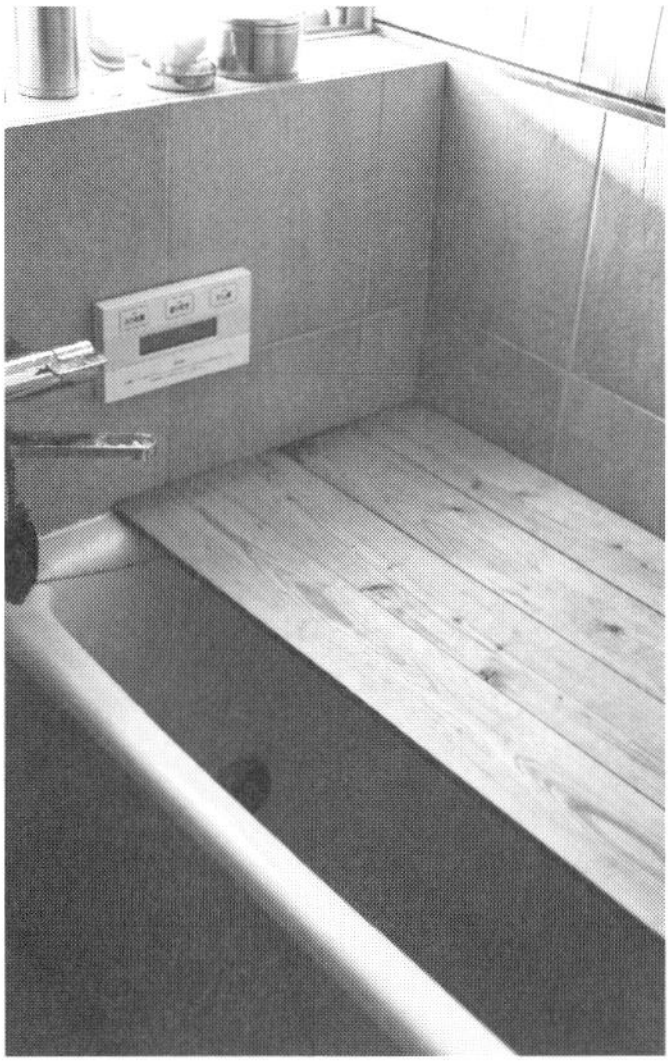

変化のための小さなアクション
【心身編】

- □ 竹歯ブラシやシルクのデンタルフロスを使う
- □ 石鹸や重曹で髪を洗ってみる
- □ 化粧品の種類を減らす
- □ マイクロカプセルや香害の問題に意識を向ける
- □ 自分の体質や特性に合ったシステム・やり方を考える
- □ 次に買う服は自然素材やエシカルなものを選ぶ
- □ 布ナプキンや月経カップにチャレンジする

服部家の
やってみたいこと

マインドフルネスを日々の暮らしに取り入れる。
インターネットの使用を減らす
（雄一郎）

バイオガストイレを導入して、
排泄物からガスを一部自給する
（麻子）

8
子育て

子どものごみはどうする？

雄一郎

子どものごみって、本当に厄介です。大人だったら絶対出さないようなごみがワラワラと、信じられないようなプラスチックが次々に……。少しでも状況を改善するために「できること・すべきこと・したいこと」は山ほどあります。でも、そこにフォーカスしすぎると、今度は窮屈さが出てしまう。親（自分）の生活習慣や持ち物だってなかなか思い通りにならないのに、子どもの分まで管理しようとしたら、生活が破綻することは目に見えています。

ということで、親の精神衛生のためにも、「今」にこだわりすぎず、子どもが大人になる「10～20年後」をイメージして、なるべくゆったり構えたいと考えています。そうすると、すごく気がラク！　大切なのは、「今のごみを減らす」よりも、「将来ごみを減らせる人間に育てる」こと。そのほうが減らせるごみ量もよほど多いわけですから。

とは言え、今できることもいろいろあります。わが家の工夫を挙げると……

1．一緒にたのしむ

たのしいことなら、いくらでもできます。映画（p.198）や本（p.201）はその最たるもので、環境問題や社会問題の意識向上にうってつけ。また、子どもは刺激に反応するので、山火事や、ケガしたクジラや、グレタさんの熱弁のニュースには、放っておいても食いついてきます。すかさず説明して、一緒に理解を深めます。

2. 自分で選ばせる

子どもに選択権を与えることの重要性を『セルフドリブン・チャイルド』（NTT出版）という画期的な育児本（おすすめ！）で学びました。親がすべきは「命令」ではなく、「判断材料となる情報を与えて」「最終決定は子どもにまかせること」だと！

以来わが家も、子ども用品を買う時、なるべくプラスチックフリーやエシカルなオプションも提示した上で、子ども自身に選んでもらうようにしたら、子ども用品を買う際の迷いやストレスが激減しました。子どもにだっていろいろ都合があるのです。ほしい色があったり、友だちと一緒がよかったり、新しいものに魅力を感じたり。そんな中、頭のどこかで「より良い選択」を意識してくれたら、今のところはそれで十分。

というわけで、まだまだプラアイテムを選ぶことの多いわが子たちですが、それでも「意識的に買い物をする経験」は重ねられていると思います。そして、それこそは子どもたちに体得してほしいもっとも重要なスキルのひとつです。

3. お得感

「お得感」があると気持ちが盛り上がります。「今日は肉買うよ→マイ容器準備して！」「親の意向に合わせてくれた→お礼にケーキ！」「新しいかばんがほしい→普段なら却下だけど、エシカルなかばんなら買ってあげようか？」など。「学校で購入する絵の具ケースを買わない代わりに、浮いた金額からおこづかい支給！」もやりました。「お得感」って、提供するこちらもたのしい気分になってくるから不思議です。

4. イベント感

こちらもたのしさ倍増のトリック。たとえば、子どもは買い物に興味津々なので、親の買い物にも巻き込んで、口出ししてもらいます。「この電力会社二つ、どっちがいいかな～？どう思う？」「お父さんはエコなボールペンがほしい。店内で探して！」といった具合。うまく行けば、アトラクション状態。本当は避けたいファストフードも、「社会見学」と称して、ファストフードを扱ったドキュメンタリーを一緒に観て、きちんと手づくりした専門店のハンバーガーとの味比べまでしたら、まるでエコアクションのような一大イベントに（単に制限するよりもずっとおすすめ）。

5. ジレンマや悩みも共有

何事も理想通りにはいかないのが現実というもの。親も全能の神ではないので、マイ容器を忘れることだってあるし、うっかり変な買い物をしてしまうこともあります。それを背負いこまずに、子どもとシェアすると、気持ちが軽くなります。「マイ容器忘れちゃった……どうしよう！」「いい方法が見つからない……どうしたらいいと思う？」驚くなかれ、子どもがまるでカウンセラーのようにやさしく寄り添ってくれます（親の失敗は子どもには痛快なはず！）。子どもにゆるしの言葉をもらって、非理想的な状況を乗り越える。気持ちはラクになるし、「チーム感」も生まれます。

6. モノは少なく

これは子どもに限りませんが、モノが多すぎることが、往々にしてすべての元凶。モノが少なければ、ごみも減るし、プラも減るし、部屋もすっきりするし、整理も楽だし、すべてがうまく回り出す。大量消費や使い捨てに「慣れさせない」ためにも、モノの量を少なくキープすることは優先順位が高いと思います。というわけで、わが家はおもちゃは買わないし、本も基本は図書館で。プレゼントもめったに「モノ」は買いません。それでも不本意なほどの量のモノが四方八方から入ってくる現代。「足りなくてかわいそう」ということにはまずなりません。むしろ、たまに買うものの価値が倍増します。

……とえらそうに列挙しましたが、わが家も理想からは程遠くて、試行錯誤の連続です。思わずイライラすることも多発しますが、そこはなるべく深呼吸。子どもには子どものワールドがあって、「環境問題だけではないたくさんのことを体験しながら成長しているのだ」という視点は、常に忘れないようにしたいと思っています。何よりも大切なのは「前向きな気持ち」。それを補強するような存在として環境問題を位置づけられたら、一番理想的だなと思います。

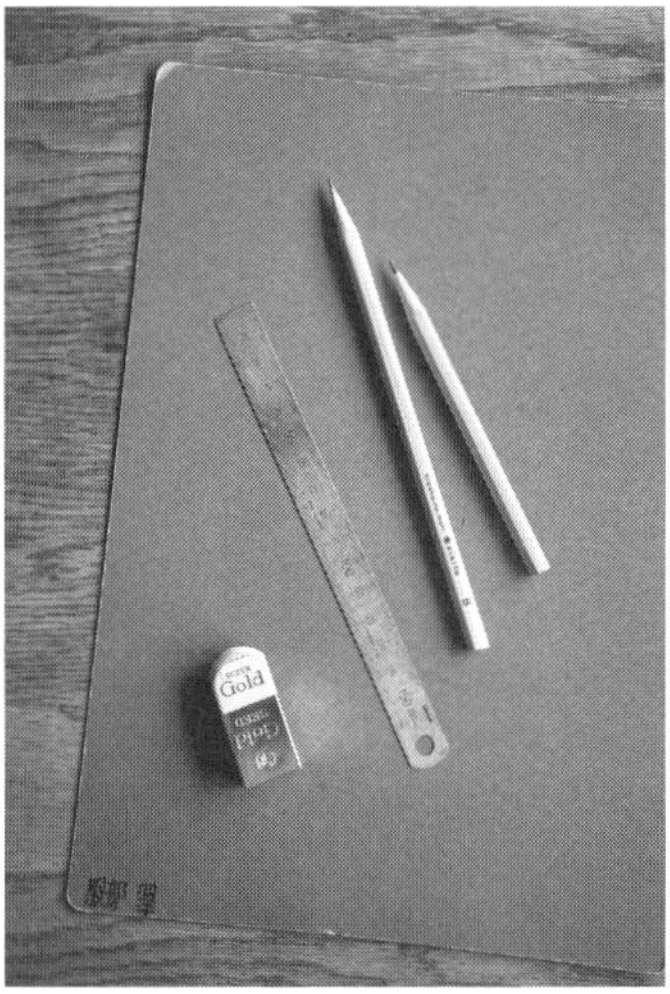

わが家で子どもたちに「オプション」として提示している選択肢は以下の通り。

- 上履き→塩ビ不使用のもの、綿と天然ゴムを使ったもの
- 鉛筆→間伐材を使ったもの
- 消しゴム→天然ゴムが原材料のもの、フタル酸エステルフリーのもの
- 下敷き→紙製のもの（斉藤商事など）
- 弁当箱→ステンレス製
- 水筒→ステンレス製（p.123 参照）
- 歯ブラシ→竹歯ブラシ（p.184 参照）
- リュックサック→パタゴニアやエシカルブランドのもの
- 傘→せめて東急ハンズなどの丈夫なもの

子どものお菓子はあなどれない

雄一郎

子どもたちにお菓子をつくってもらうのが大好きです。下の二人はまだ小学生ですが（5年女子と2年男子）、スコーン、チーズケーキ、プリン、バナナブレッド、クッキー、パンケーキ、クレープなど、とてもおいしいお菓子をつくってくれます。

僕自身がいまだに複雑なお菓子をつくれず、ずっと「技なしお菓子」を追求してきた甲斐あって、「混ぜるだけ！」とか「材料これだけ！」という手軽なレシピの伝授はお手の物。子どもたちは就学前からどんどん〝簡単お菓子〟をつくってきました。

最近はかなり腕前も上がってきたので、友人宅への手みやげや、いただき物へのお礼用に〝発注〟するようになりました。時には「製作費」と称しておこづかいを渡すことも。親としては、指1本、足1本動かさずにおいしいお菓子ができあがり、本気で大助かりです。

大切にしているのは、子ども扱いしないこと。こんなにおいしいお菓子をつくれるのだから、バイアスなしにちゃんと評価して、人生への自信を深めてほしい。「自分でつくれる」は、一生ものの武器になる。暇な子どものうちから底力を鍛え、家族だけでなく〝人様〟にも喜んでいただくことで、大げさかもしれませんが、「自分は世界を動かせる」「喜びを生み出せる」という手ごたえみたいなものもつかんでくれたらなあと思います。

モノではなく体験を

麻子

子どもの誕生日やお祝い事にはなるべく「体験」をプレゼントします。

おいしい料理が大好きな娘への昨年の10歳の誕生日プレゼントは、「コース料理を食べてホテルに泊まる」。候補のレストランをいくつかピックアップして、「どこがいい?」と選ぶところからが「プレゼントのはじまり」です。娘はその日を指折り数えながら、自分で図書館から食事マナーの本を借りてきて読み込んでいました。当日はおしゃれして、ホテルに泊まる荷物も詰めて、準備万端! 外食時のジュースも、この日ばかりは「誕生日だから特別に頼んでいいよ」。私は帰りの運転がないのでゆっくりワインをたのしめました。ホテルで娘と二人きりで過ごす時間は、私にとっても特別な時間となりました。

特別支援学校に通う高校1年の息子は大の魚好き。愛読書は「魚の図鑑」で、「魚のさばきかた」の動画チャンネルにかじりついています。観察したり、さばく工程に興味があるようなので、毎月のようになじみの魚屋さんで50センチほどの中型魚を買ってきて、一緒にさばきます。包丁を使うのは私で、息子は動画仕込みのさばき方を次々と指示。ある年の誕生日のリクエストは「あんこうを一匹」、ある年は「姿造り」。数年前まで鯵一匹さばけなかった私が、姿造りをつくることになるなんて、自分でも驚いています。

7歳の末っ子は宇宙に夢中。彼へのプレゼントは「プラネタリウムへ行く」「天文台へ行く」「映画を観に行く」。絵や工作も大好きなので、夏休みスペシャルは「アート教室で工作＋焼き鳥＋コーラ」。滅多に口にできない魅惑の飲み物と、目の前で次々と焼きあがる焼き鳥に大興奮！「体験＋スペシャルフード」は黄金の組み合わせ。親も一緒にたのしめるギフトです。

ちなみに、夫婦のあいだでプレゼントのやりとりはほとんどありません。誕生日の朝には「誕生日の紅茶がはいりましたよ～」と、特別な一日のはじまりを演出。バースデーケーキは子どもたちに焼いてもらいます。「バースデーマッサージ」と銘打ってマッサージをしたり、普段からやっていることでも「誕生日だから」の魔法の一言を付ければ、特別でうれしい気分になります。

英語だけは早期教育

雄一郎

どちらかと言うと「自然派」の育児に魅力を感じるわが家。学力偏重の社会とは別の価値観を見出したいし、いわゆる英才教育的なものには距離を取ってきました。

そんな自分が、まさかのまさか、家で子どもたちに英語を教えています。

廣津留《ひろつる》真理さんが「普通の親が1日5分の家庭教育で子どもに英語を教える画期的な方法」を本やネットで紹介されているのを読み、「なるほどこれならできそうだし、中高生になってから苦労して勉強するより、ずっとゼロウェイストだ！（＝無駄がない）」と思ったのがきっかけです（「親の英語力は関係ない」らしいので、興味を持った方はぜひ）。

そもそも英語はただの「言語」であって、「勉強」ではありません。英語圏に生まれ育つなど、環境さえ整えば、子どもならごく自然に身につくはずのもの。もちろん、英語は人生に必須ではないし、ハートで言語を乗り越える人もいます。でも、僕はつくづく思うのですが、英語は本来、すべての人にとって強力なツールになりえる。世界の情報の大半は英語だし、環境問題の情報だって、日本語は英語に到底及びません。先進的な考え方やライフスタイルに関する情報も、英語から入ってくるものが圧倒的に多い。日本語の中だけで生きるのと、英語からも情報が取れるのとでは、世界の広さが断然違います。日本語の中で生きづらい場合、英語の世界が人生の逃げ道にもなるわけです。

そんな有用な英語、ラクして手に入るなら、手に入れない手はない。とは言え、「日本に住んでいるとなかなか難しいよな……」と思っていたわけですが、このメソッドでやれば、頭のやわらかい小学生のうちに、肌感覚で高校生レベルの英語まで楽々身につけてしまえるというのです。しかも、塾や学校に期待するのではなく、家でお金をかけずにやる。つまり「教育の自給」です。そのくらいのレベルまで身につけられたら、きっと受験勉強に費す時間も激減するし、その分、時間をもっと有意義なことに使えるはず。海外にもすぐに出ていけるし、何より、英語がわかるようになったら絶対たのしい！

ということで、やっています。真ん中の娘は開始から2年半、謳い文句の通り、小5で悠々と英検準2級を突破。末っ子もスタートを切りました。「失敗しても損はなし、うまくいけばボロ儲け」の小学生の英語。未来につながるサステイナブルなチャレンジです。

子どもと深めるSDGs①　映画

雄一郎

わが家にはテレビがありません。子どもたちも、テレビなしで普通に育っています。でも、ある日、ふと気づきました。「うちの子たち、テレビを観てないってことは、家と学校以外の〝別の世界〟をまったく見たことないってこと!?」

「昔ながら」と言えばそれまでですが、このSDGs時代、さすがにそれは……というわけで、「いい映像をしっかり観せて補完しなければ！」と思い立ちました。できれば世界を見る目が広がるようなもの——。『ゼロ・ウェイスト・ホーム』の作者ベア・ジョンソンが、映画『アース』などのドキュメンタリーを観て、子どもたちと一緒に環境意識を高めていくくだりがあり、「そんな風にできたらたのしそうだな」と思いました。

そしてはじめた、毎週日曜午後の「映画会」。安物のプロジェクターまで買い揃え（ちょっとエコ的にはイマイチ）、部屋を暗くして、ネットフリックスなどで選りすぐりの映画や番組を探し出し、おやつ片手にたのしむ日々がはじまりました。

最初の頃は、『世界の果ての通学路』（すごくおすすめ）、BBCの自然番組『サバイバルストーリー』など、映像だけで感じられるものを中心に。ベア・ジョンソンおすすめのドキュメンタリー映画『アース』もすごく良くて、何度も観ました。

とにかく「子どもたちがたのしんでくれること」を最優先に、ほぼ全編をアフレコのように平易な言葉に言い換え、解説が必要と思えば、何度でも一時停止して説明しました（逆に難解なところはすっ飛ばす）。この要領で、『あまくない砂糖の話』『フード・インク』など、決して子ども向きではない環境ドキュメンタリーも、前のめりに観ることができました。けっこう難しい内容だったりもするのですが、そこは普段まったくテレビを観ていないわが子たち。「動画」というだけで、ものすごい食いつき！　おかげでこんなシリアスな社会派作品まで観ることができて、「これはテレビがないことの大きなメリットだな……」と思いました。

もちろん、小難しいものばかりだと飽きてしまうので、いつもより豪華なおやつを用意したり、もっと子ども向けの作品、たとえば『ファインディング・ドリー』『ワンダー─君は太陽』『ボビー・フィッシャーを探して』『ドリームズ・カム・トゥルー』『イルカと少年』などもたのしみましたし、時にはもっと気楽なものや、「これは失敗……」というものもたくさん観ました。その他、発展途上国を舞台にした『運動靴と赤い金魚』『スタンリーのお弁当箱』『ブレッドウィナー』など、「映像を観るだけでも学びになる」という作品も積極的に選び、『きみはいい子』『そして父になる』、ジブリ作品などの日本映画も時々織り交ぜました。映画はつくづく異文化体験。いながらにしての世界旅行でした。

実は映画に詳しくない自分。ネットで「子どもと観るおすすめ映画」などと検索しても、なかなかよさそうな映画にたどり着けません。そこで参考にしたのは、ベア・ジョンソン推薦のcommonsensemedia.orgという紹介サイト。英語ですが、星の数、対象年齢、テーマなどで絞り込むことができ、ものすごく重宝しました。選ぶのが大変な時は、『大草原の小さな家』『アルプスの少女ハイジ』など、懐かしのシリーズが力を発揮。『大草原の小さな家』は、先住民族の歴史や、都市化の問題、黒人差別や女性の地位など、驚くほどSDGs的にたのしめる傑作。あなどれません。

今ではすっかり映像を観ることに慣れた子どもたち。年齢も上がり、かなり深い『アンという名の少女』シリーズや、インド映画『きっと、うまくいく』『ダンガル きっと、つよくなる』、ミシェル・オバマの『マイ・ストーリー』、時には『KONMARI――人生がときめく片づけの魔法』に至るまで、本当に広くたのしめるようになりました。

なるべく異文化をダイレクトに感じてほしかったのと、英語の音にも慣れてほしかったので、いつも字幕で観ていたら、子どもたちがどんどん漢字を上手に読めるようになるというオマケつき。障碍のある長男までもが、いつの間にかすらすらと！

最近は子どもたちも成長してきて、少し頻度が落ちてきましたが、足かけ数年、けっこうまとまった量の「社会を見つめる体験」をプレゼントできたように思います。何より、親の自分がすごくたのしかった。ゼロウェイストな家族映画会は、一生の思い出です。

子どもと深めるSDGs②　本

雄一郎

絵本の読み聞かせをたのしんでいる人はたくさんいると思います。とっても素敵です。でも、僕は少々物足りなかったのです。絵本ってすぐに終わってしまうし、一部の傑作を除けば、わりに「想定内」な内容も多い気がして、それを延々読み聞かせさせられるのはちょっと……「子どもにとっては豊かな時間かもしれないけれど、大人にとっては微妙に退屈なんだよな～」と感じていました（子育てや絵本の専門家に怒られそうですが）。

同じ「読む」なら、もう少し手ごたえのあるものを読めないものか？　もっとこう、壮大で、読んでいるこちらも心が沸きたつような物語を！　そう思って、真ん中の娘が5～6歳になった頃、ふと思い立って、『大草原の小さな家』（福音館書店）を図書館で借りてきて、読み聞かせてみたのです。

これが大ヒット。結局、半年以上にわたって、毎晩30分以上、シリーズ10冊を一気に読み通しました。何しろ壮大な物語ですから、おもしろくないはずがないのです。とは言っても、字面はけっこう難解で、わかりにくい言葉や時代がかった表現も出てきます。そういうところはすべてすっ飛ばし、全編を現代語訳ならぬ「子ども向けの簡単語訳」しながら読み進めたところ、子どもたちは期待以上に食いついていてくれて、読んでいるこちらも手ごたえ十分、最高にたのしい夜の時間になりました。

これを機に「長い本の読み聞かせ」が定着したわが家。「この調子で一気に突き進もう！」ということで、本当にいろいろな本を毎晩読むようになりました。世界の名作ももちろんすばらしかったですが、日曜午後の映画会と連動して、「広い世界」を意識した社会派の本も積極的に図書館で借りてくるようになりました。

たとえば、『ぼくはマサイ』（さえら書房）や『わたしはマララ』（学研プラス）。以前だったら、こういう本を子どもに読み聞かせようという発想すらなかったですが、『大草原の小さな家』同様、大胆に端折りつつ、簡単語訳しつつ、スピード感を大切に、毎晩の恒例としてどんどん読み進めていきました。子どもたちもすごくたのしみにしてくれました。

カナダ人少女セヴァン・カリス＝スズキの『あなたが世界を変える日』（学陽書房）など、環境問題を主体とする良書もあれば、『イクバル　命をかけて闘った少年の夢』（西村書店）や、イラン出身の女優サヘル・ローズさんの『戦場から女優へ』（文藝春秋）など、幅広いＳＤＧｓ的要素を含む理想的な本がたくさんあり、僕自身、ものすごく刺激的な日々でした。ベストセラー『世界がもし１００人の村だったら』（マガジンハウス）も、俯瞰的な視点を与えてくれる見事な1冊。会話の糸口として大いに役立ちました。

娘はどんどん読む力がついてきたので、途中からは飲み水を与えるように、図書館から「よさそうな本」を見繕ってきて、ソファの前のテーブルに置くようにしました。その中での大ヒットは、鈴木出版の『この地球を生きる子どもたち』シリーズ。各国を舞台にした選りすぐりの作品ばかり。どれもこれもが大傑作で、大人が読んでもびっくりするほどおもしろく、娘は娘で読み、僕は僕で読み、「ねぇ、読んだ?」と感想を伝え合った日々は、子育ての年月でもトップレベルのたのしい思い出です。『ぼくがスカートをはく日』(学研プラス)のようなLGBTQを扱う良書も増えていて、やはり本から受け取れるものはすさまじく大きいと思いました。

小さかった末っ子とは、絵本も引き続きたのしみました。自然の偉大さを味わえる名作としては、たとえば、松田素子さんの『わたしは樹だ』(アノニマ・スタジオ)や、ブリギッテ・シジャンスキー『まつぼっくりのぼうけん』(瑞雲舎)。どちらも何十回読んだかわかりません。その他、『みんなとちがうきみだけど』(汐文社)、『おばあちゃんとバスにのって』(鈴木出版)、拙訳『エイドリアンはぜったいウソをついている』(岩波書店)など、アメリカの絵本には多様性を意識させてくれるすばらしい絵本が多く、均質に陥りがちな日本の子どもたちにもぜひ読んでほしいと感じます。

変化のための小さなアクション
【子育て編】

- □ 子どもに選ばせてみる
- □ 子どもと親が一緒にたのしめることを考える
- □ 体験のプレゼントをする
- □ 家で「おやつ付き映画会」をする
- □ 図書館でよさそうな本を借りる

服部家の
やってみたいこと

子ども向けの本をつくる
（雄一郎）

子どもひとりひとりと、それぞれ思い出に残る旅をする
（麻子）

9
暮らしと社会を考える

ひとりでやって意味あるの？

雄一郎

地球環境の危機が広く知られるようになってきて、「何かしないと！」と思う人の数は格段に増えてきているように感じます。

一方で、目の前には忙しい日常があって、思い通りにならないことばかり。自分なりにがんばってみても、プラスチックはなかなか減らないし、電化製品も不可欠。「こんな風にチマチマやっても、何の意味もないのでは？」――そんな声がよく聞こえてきます。

その感じ、すごくよくわかります。

わが家も、外から見れば、まるで「ポジティブ100％」ですべてをたのしんでいるように見えるかもしれませんが（ま、たのしんではいるのですが）、実はハンディもいっぱい。妻はＡＤＨＤ傾向＋過敏体質で、不快感に弱く、我慢や節制が一切ダメ。長男も障碍児なので、彼のためには意に反する選択をしなければならない局面も多々あります。地方は選択肢が限られる部分もあるし、学校などの社会的な制約も十分すぎるほどにある。

そんな中、「できることをやる」という前向きさだけは身につけているのですが、裏を返せば、妥協の連続、棚上げの連続、理想には程遠い現状です。正直、「こんな制約がなければ、もっと本当に輝かしく、ごみもプラスチックもエネルギー消費も減らせるのにな～」というのは、偽らざる本音です。

でも、ふと考えるのですが、たとえば欧米には、その「本当に輝かしくごみやプラスチックをほぼゼロにできているすごい人」が存在します。それらの方々は本当に偉大で、僕は大いなるインスピレーションを受け取らせてもらっていますが、そんな領域に到達できるのは数から言えば100人にひとりにも満たない。そして、そんなすごい人たちがせっかくごみをゼロにしたところで、100人の人間のごみ量は、たった1％しか減りません。

逆に、もし100人全員が自分のごみを3割減らしたら——3割減らすなんて、ちょっと気をつければすぐ達成できると思うのですが——100人のごみは一気に30％も減ります。

つくづく、「ひとりの力」の限界とパワーについて考えさせられます。地球レベルで言えば、「ひとりが離れ業のようなすごい成果を上げる」よりも、「みんなが簡単にできることを着実にやる」ほうがずっと効果が大きいのです。

だから、目の前のごみが減らないからと言って、それ自体は、地球レベルで見れば、くよくよするようなことではありません。そんなごみが減ろうと減るまいと、地球のごみ量はほとんど変わらないのです。でも、それが積み重なっていった先には大きな違いが生まれる。

日本でもやっとレジ袋が有料になりました。まるで国を揺るがす一大事のように報じられ、環境省や経済産業省の方々はさぞや準備に調整にと苦労されたことと思います。国を動かす政策の実現にはとんでもない労力がかかります。

でも……レジ袋なんて、本当は個人がその気になれば、いつでも断れたはずなのです。国レベルの政策にしようとするから一大事になるのであって、個人がレジ袋を断るなんて造作ない。レジに立って、「要りません」と5文字言えば、いつでも自由に断れた——。

もちろん、環境問題に無自覚で「絶対に断らない」という人もいるでしょう。だからこそ有料化が必要なわけですが、一方で、「本当は断れたはずなのに断らなかった」人もかなりいるはずです。頭では意義を理解していて、断ることだってできたはずなのに、そうしなかった人。その人たちがもし断ってくれていたら、ずいぶん地平は違っていただろうなあと夢想します。断る人がもっと多ければ、有料化の導入はもっとスムーズだったかもしれないし、霞が関の職員さんの残業も減ったかもしれない。スーパーも「必要な人にだけ渡す」方式に切り替える店舗が増えていたかもしれません。

「ひとりひとりが簡単にできることをやらない」ことが、めぐりめぐって、環境問題の解決をややこしくしているのを感じます。そういう視点で見れば、別に「すごいこと」をやらなくてもいい、「簡単にできること」をやるだけでも十分に意味はある。「レジ袋を断る」という、本当に些細で、それ自体は何の意味もないようなことですら、めぐりめぐれば、地球をちゃんと前に動かすことにつながるのです。

ひとりひとりのアクションは、やっぱり、とてつもなくパワフルだと思います。

みんなが.できることをする

雄一郎

以前、トークイベントでごみのお話をした時、こんな質問を受けました。「介護老人ホームで働いていて、紙おむつのごみが大量に出ます。どうしたらいいのでしょうか？」

高齢化が進む中、紙おむつのごみは世界的な課題です。布おむつの洗浄サービスや生分解される紙おむつなど、いろいろな試みが進んでいますが、日本ではまだまだ。

「30〜40年前までは布おむつが一般的だったし、今でも布おむつを使っている施設はありますよ」という話もありますが、正直、「ただでさえ苦労の多い現場のスタッフさんにそれを求めるのは、あまりにも酷だろうな……」と思ってしまいました。

せっかく問題意識を持っている質問者の方に前向きな答えを返せないのは残念でしたが、この問題はやはり、一スタッフさんや一施設のちょっとした心がけやアクションでどうにかなるレベルを超えている気がする。それこそ、より大きな国レベル・産業レベルでの改革を期待したい部分です（組織力のある方にはぜひ社内で問題提起などして、変化の糸口を探っていただけたらすばらしいと思います）。

質問者の方は、介護という大きな任務を日々果たされていて、その重みが身に迫ってくるところがありました。もちろん、できる改善はしていただきたいけれど、この方には、おむつのごみを大量に出す日々を責めず、介護という任務をまっとうしているご自身を肯定していただきたいなと思いました。そして、もっと別のレベルで――マイボトルを持参するとか、プラ製品をなるべく買わないとか、簡単にできる部分で――ごみの削減に貢献していただけたら、その方の役割としては十分なのではないか、と思いました。

同じようなことは、親族の介護をされている方々や、子育てと仕事で必死の毎日を送っている方々にも感じます。できることはぜひしていただきたいけれど、その方々が過大な責任を感じる必要はない。その他、たとえば病気の方、障碍のある方、経済的にひっ迫している方など、いわゆる社会的弱者とされる方々にも、「ごみどころではない」というケースが多々あるのではないかと思います。

こと「平等主義」の日本では、すべからく全員の自覚を求めるような風潮を感じますが（実際ひとりひとりのアクションは大切なのですが）、世の中には「いろいろな事情でできない人もいる」ということも、やはり忘れてはいけない。逆に、もし自分に余裕があるならば、「そういう方々の分までがんばる！」というくらいの意気込みで取り組めるといいのかな、と思います。考えようによっては、「減らせる」というのは、「今たまたま、自分にはそうするだけの余裕がある＝恵まれている」ということなのかもしれません。

「減らせるありがたさ」を感じながら、自分が今できることに謙虚に向き合っていきたいな、と感じます。

シェアすることの可能性

麻子

あらゆるモノやサービスがお金で交換される現代社会ですが、「お金からはなれた軽やかな世界」もつくっていきたいと思っています。キーワードは交換、シェア、ギフト。やりたい人が、できる範囲で、たのしく、気持ちよく、が大前提です。

一番イメージしやすいのは「もののシェア」でしょうか。自分で育てた野菜、庭に実った果物、多めにつくったお菓子や料理をおすそ分け。使わないものを人にゆずる、頻繁に使わない道具を貸す、というシェアの形もあります。

一番簡単なのは「情報のシェア」。方法は「ただ伝えるだけ」。「今やっている展示会、とてもよかった！　今週末までみたいですよ」「最近読んだこの本、すごくおもしろかった。あそこの図書館にありますよ」「あの食堂、いつも満席だけど遅めの時間なら入れるみたい」など。「誰かがいいと感じたこと」は、それ自体が貴重な情報だし、そこにプラスアルファの情報が加われば、ぐっと広がりが出てきます。

そして「人脈のシェア」。何だかビジネスっぽく聞こえますが、つまりは「人と人をつなぐ」こと。たとえば、大事にしている器を割ってしまった友人に金継ぎができる人を紹介したり、移住してきたばかりの方に別の移住家族を紹介したり。畑に興味のある人にはオーガニック生産者さんを、お店をはじめたい人には力になってくれそうな人を。紹介する時は「軽めに」を心がけています。「気が合えば自然に発展していく」イメージで。

ほかにも様々なシェアの形があります。「能力や技術をシェア」「知識をシェア」「アイデアをシェア」など。友人家族に泊まってもらうのは「暮らしのシェア」だと思います。

最近、私にとっての大イベントは「原付バイクを手に入れたこと」。引っ越し後畑が遠くなって困っていると友人に話したら、「原付を持てば解決する」という「アイデアのシェア」をしてくれました。私には思いもよらない発想でした。数日後、たまたま原付に乗っている別の友人に会い、「原付ってどうやって選べばいいの？」と尋ねると、車種、値段、買える場所など、次々に「情報のシェア」をしてくれました。すぐには買えない値段だな、と思いながら、ご近所さんに「畑に原付で行きたいと思っているんですけど」と話すと、「確かあそこの家に使っていない原付があったと思う」と聞いてくださり、翌日ゆずっていただけることに。ヘルメットは、最初にアイデアをシェアしてくれた友人が「家に使っていないのがあったからどうぞ」とゆずってくれました。最後は「乗り方」。「やっぱりこわい」と怖気づく私に、「一緒に練習しましょう」と若い友人が申し出てくれました。

かくして、私の原付生活はスタートしたのです。毎朝威勢よく原付に飛び乗り、畑に向かう爽快感といったら！「願ったこと」が実現するプロセスの躍動感とライブ感。どれだけの人に、どれだけの「シェア」をしてもらったかと思うと、驚きと感謝の気持ちと同時に、これはもう「ひとつの物語だなあ」とも思うのです。

「シェア」は、ゆずる、貸す、伝えるなど「シェアをする側」に立つだけではありません。「今これが必要です」「こんなことに困っています」と〝求める〟こと自体も「情報のシェア」になります。その小さなアクションの先には、出会いや循環が思いがけない形で展開していく。「シェア」が一番パワフルなのは、この部分だと思います。

シェアしても、何も減らないし、誰も損をしない。むしろ増えた感じがする——それはきっと、人の好意やアイデア、そして関わり合いから新しいエネルギーが生まれるから。シェアすることは、「お世話する、される」という一方通行の関係ではなく、「変化と循環」を生むダイナミックで心地よい経験なのだと思います。

特性に合わせて生きやすく

麻子

正式な診断は受けていませんが、発達障害（ADHD）の傾向があり、3年ほど療育福祉センターでカウンセリングを受けていました。加えて、最近よく聞かれるようになったHSP（周りからの刺激や影響を過度に受けやすい性質）でもあるので、得意なことと苦手なことの差が大きいです。

体質的なものに診断名をつけることには賛否ありますが、私は「自分の傾向」が明らかになったことで対策が立てやすくなり、また家族の理解や協力も劇的に得やすくなったので、とてもよかったと思っています。

以前は「人が普通にやっている（ように見える）こと」を「努力してできるようにならなければ」「できない自分が悪い」と考えていましたが、今は「できない自分がどう工夫すれば幸せに生きていけるか」という見方をするようになりました。

苦手なことは、学校まわり（書類、持ち物、行事、PTA）とお世話（子ども、ペット、物の管理）。これらは夫が全面的に担当してくれています。

子どもたちに一度に話しかけられたり、大きな音も頭が混乱するので、こちらも主に夫が担当。休日は、日中に数時間外出してリフレッシュするようにしています。

学校の行事は、授業参観も運動会もほとんど参加できません。子どもたちには「お母さんはそういうのが苦手だから、お父さんが行くね」と伝えています。入学式と卒業式だけはがんばって参加するようにしていますが、そのあと寝込むこともあります。

事務仕事も苦手なので、お金まわりや確定申告は夫が担当していますが、できることを少しずつ増やしていきたいので、家計簿アプリの入力と振込手配は私がしています。格式ばった場も極度に疲れやすかったり、体調を崩したりしやすいので、無理をしないように心がけています。


とは言え、苦手なことばかりではなく、得意なこともあります。夫に言わせれば、人との自由なコミュニケーションや、アイデアや瞬発力、常識にとらわれない発想と行動力はあるとのことです。先々の生活を案じたり、経済的安定を求める気持ちも希薄で、「臨機応変に行動していく」ので、その分予想外の出来事への対応力もあるとも言えます。

いただいた食材を料理しておすそ分けしたり、たくさん手に入ったものをシェアすることも好きです。「あるもので料理」が得意なのも、こんな性質だからかもしれません。人の得意なことや良いところに注目して、「こんなことしたら？」「こういう良いところを活かしたら？」と伝えずにはいられないので、誰かが何かをはじめるにあたってのきっかけや後押しになるというところも、見方によってはあります。

一方、「一般的にどうか」「普通はどう感じるか」ということが想像しにくいので、夫や友人の意見を聞くように心がけています。それでも失敗して落ち込むこともたびたびありますが、「失敗すら経験だ」という妙な前向きさや忘れっぽさもあるので、数日くよくよして、親しい人に話を聞いてもらえば、よほどのことでなければ回復します。


大切にしたいのは「自分の特性を否定せず、社会の中で居心地よく生きること」。これはSDGsの「誰ひとり取り残さない」の原則にも合致します。誰にでも苦手なことがありますが、そこにフォーカスしすぎず、「最低限のことは押さえて」「必要に応じて人の助けを借りる」くらいの気持ちでいたほうが、自分を追い詰めずに済みます。

自分のことでも、人のことでも、「苦手なこと」より「得意なこと」に光を当てられたら、社会はもっと生きやすい、多くの人にとって居心地のよい場所になるのではないかと思うのです。

ジェンダーと多様性

麻子

ずっと社会の〝標準〟からはみ出している感覚があります。「周囲に合わせる」という日本の風潮には、時に息苦しさも覚えます。発達障害の息子がいたり、私自身ADHD傾向があるので、あらゆる種類の生きづらさや差別問題に関心があるのですが、中でもジェンダーや多様性の問題は避けて通れないトピックです。

20代前半に雄一郎さんと暮らしはじめた当初は、「結婚」という制度に疑問を感じ、事実婚を選びました。当時大学院生だった夫は、私の住民票に「夫(未届)」と記載、大学職員だった私の扶養家族となり、数年間、学生兼主夫として生活していました。長男の出産時も婚姻関係はなかったので、夫が認知する形で届け出をしました。(長男が2歳を迎えた時、また新たな心境の変化があって結婚しました)。

「女だから」「男だから」という考え方には子どもの頃から違和感がありました。男女平等が謳われている現代においても、ごく自然に「女性だから」という理由で役割やふるまい方を求められることが少なくないように感じます。また、習慣的に使われ続けている「お嫁さん」「奥さん」「主人」という呼称も「なんとかならないものだろうか……」と感じています。

ただ、自分の配偶者であれば「妻」「夫」と呼べますが、「相手の配偶者の呼称」はしっくりくる代替案があまりなく、悩ましいところです。

一方、「一家の主《あるじ》」や「妻子を養う」といった言葉に象徴されるように、男性にも「主導権を取るべき」というプレッシャーがかかっていて、女性とは違う種類の大変さがあると思います。男性が「主夫」となることはまだ稀で、居心地の悪さや引け目を感じることもまだまだありそう。制度的、慣習的に女性のほうが不利益を被ってきたのは事実だと思いますが、同時にこの仕組みの中で生きづらい男性がいるのも確かです。そもそも「男性」と「女性」というカテゴリーに収まらない人たちもいます。とすればむしろ男女という区分を超え、ジェンダーの問題ととらえる必要があるわけです。


わが家では、「男だから」「女だから」という枠組みになるべくとらわれないようにしたいと考えています。いろいろな仕事を「二人でやっていこう」とチャレンジできているのも、「暮らしまわりや子どもの世話も得意なほうがやればいい」と思えているのも、夫婦間にそうした共通認識があるからかもしれません。とは言え、まだ無自覚な部分もいろいろあるはず。「気づいていない差別がある」ということ、「差別する側にも立っているはず」ということについては自覚的でありたいと思います。

ＬＧＢＴＱもＳＤＧｓの大切なテーマのひとつ。子どもたちにも積極的に伝えるように心がけています。「差別はいけない」と言うだけでなく、「いろいろな人がいる」「みんなと違っ

 てもいい」「あなただってそうかもしれない」「それぞれの感じ方を大切に生きることが大切」と、一緒に理解を深めていきたいと思います。

親はつい、子どもたちが自分たちと同じような道を歩むものだと思ってしまいがち。子どもたちについては「将来結婚する前提で話をしない」「パートナーが同性かもしれない」「子どもを持つとは限らない」ことをせめて意識するようにしています。家族、友人、地域の人、そして世界中のすべての人が、それぞれのあり方を尊重されるような社会になってほしい。その道を進んでいくために、今できる小さなことを積み重ねていきたいと思います。

サステイナブルな夫婦げんか

麻子

「夫婦げんかはしないんですか?」と時々聞かれます。「もちろんしますよ!」と答える時もあるし、「あんまりしないかも」と答える時も。険悪な雰囲気になることは、もちろんあります。大抵は私がイライラしていたり、余裕のない状況の時。家族の言動がいちいち気に入らず、八つ当たりをしていることがほとんどです。

というわけで、「私がイライラしていたせいだ」と気づいたらすぐに謝ります。夫も私が追い詰められやすい気質であることを理解してくれているので、ため息交じりに「しょうがなかったんだよね……」。ひたすらありがたいと思っています。

もう少し深い話、たとえば「意見の相違」「立場が違うことによるすれ違い」の場合は、とにかく徹底的に話し合います。お互い「きちんと話せば伝わる」と思っているので、長時間にわたる話し合いは、これまで幾度も繰り返してきました。

話し合いの目標は、お互いが「よかった、もう大丈夫」と思える地点にたどり着くこと。決して中途半端にはしません。自分の気持ちを伝え、相手の言い分を受け止める、そのプロセスを重ねた先の、お互いが納得した瞬間がゴール。あんなにこだわっていた結果が気にならなくなるのもおもしろい点です。

私たちは二人ともとてもおしゃべりなので、「話し合い」という形が一番しっくりくるのだと思います。

小さなひずみは、いつのまにか大きな溝を生む気がします。なので、「鉄は熱いうちに打て」。違和感の解決に早めに取り組むことで、風通しの良い関係を保ちたいと思います。

別の見方をすれば、夫婦げんかは「今の自分」と「今の相手」をリアルタイムで理解する機会とも言えます。ずっと一緒に暮らしていると、なかなか相手の変化に気づきにくいのですが、人は一生変化し続けていくもの。折に触れて、「すれ違い」や「いさかい」を通してお互いのあり方を確認することが必要なのかもしれません。

夫婦とは言え、何もかもわかり合えるということはそもそもあり得ない。家族だからといって意見が一致する必要もないし、むしろいかに尊重し合うか、ということのほうが大事。「持続可能な夫婦関係のため」という視点ではサステイナブルとも言える。

そんな意味でも、夫婦げんかは、ネガティブな出来事のようでいて、実のところ、また一段階段を上るためのきっかけのようにも思えるのです。

サステイナブルな暮らしって？

雄一郎

ゼロウェイストやプラスチックフリーなど、環境を意識した暮らしをしていると言うと、よく「えらいですね！」という褒め言葉をいただくことがあります（ありがとうございます）。

でも、自分で言うのも何ですが、全然えらくないんです。我慢も無理も、まったくしていません（「もっとやりたいけどこのくらいにしておこう……」という我慢はしている）。

台所スポンジを使わずにヘチマを使う時。掃除機を使わずにほうきを使う時。僕は何の窮屈さも感じていません。むしろ、自由を感じています。「台所スポンジに頼らなくても生きられる自分」「掃除機を買わなくても生きられる自分」という自由です。それは本当に心地よい軽やかな感覚です。

実際、ゼロウェイストにせよ、プラスチックフリーにせよ、省エネにせよ、暮らしの工夫はたのしさに満ち満ちています。「こんなこともできる！」「ここまでできた！」というワクワク感。エコはたのしさの宝庫です。

そして、環境のことを日常的に意識していると、どこか〝世界とつながっている〟ような実感に包まれます。この便利な現代、機械に囲まれて、お金で何でも買えて、仕事も忙しくて、ともすると、生活の中で「地球」を感じるような機会はどんどん失われている。でも、なるべく自然素材のものを選び、ごみを出さないように配慮し、電気や水を使いすぎないようにする中で、僕はことあるごとに「地球の中で生きている自分」を意識します。そのことは、「生きる実感」をより確かなものにしてくれているように思います。

この「まったく無理のない状態」は、続けていくことに何のストレスもありません。もしストレスを感じたら、その時点で方向転換すればいい。無理をせず、自分自身が持続可能なラインを見きわめる。それによって、わが家は常に明るく進んでいけます。

「地球環境」だけでなく、「自分自身」にとっても持続可能《サステイナブル》な地点を見つけること——「サステイナブルな暮らし」って、もしかしたら、その二つの「サステイナブル」の交点を探すことなのかもしれません。

「交点」の場所は人によって様々。快適な暮らしをしたい人。ワイルドな暮らしができる人。苦しい状況にある人。ひとつひとつの交点にそれぞれの必然があります。そして、この地球上の多様な人口の中で、きっとその交点のひとつひとつが、地球上の誰かにとっての〝モデル〟となるはず。どんな交点にも価値がある。みんなが誰かのモデルになって、地球はひと塊の総体として確実に前に進む——そんな希望的なイメージも僕は持っています。

はっきり言って、地球環境の現状は危機的です。気候変動、プラスチック汚染、まさに待ったなし。本当を言えば、「生きる実感につながっている」とか、「二つの交点を見つける」なんて、甘い幻想のようなことを口走っている場合ではないような状況です。今この瞬間に大々的な変化を起こせなければ、もはや本当に取り返しがつかない、そんな時代に私たちは生きています。

でも、そんな状況の中にあっても、やっぱり今日の青空は美しいし、友人がつくってくれたお菓子はおいしい。他愛もない会話に心から笑い、洗いあがった洗濯物は気持ちがいい。そんなひとつひとつの――もしかしたら環境破壊によっていずれ失われてしまうかもしれない――ささやかな幸せを忘れずにいたいと思います。むしろ、そういったひとつひとつを大切に感じ、味わい、受け取ることでこそ、前に進む力は増す気がするのです。

変化のための小さなアクション
【暮らしと社会編】

- □ 地球とのつながりをイメージする
- □ 自分にとってのサステイナビリティを見つける
- □ 小さなことに前向きに取り組む
- □ シェアできることを考える
- □ 多様なあり方・生き方を尊重する
- □ 変化する自分をたのしむ

服部家の

やってみたいこと

別姓婚が可能になったら、別姓夫婦になる

（麻子）

つい閉じこもりがちなので、本を読み、旅をして、
より広く社会とつながる

（雄一郎）

After word

おわりに

夫婦ともに生まれ育った神奈川を離れてアメリカに向かったのは11年前、私たちが34歳の時でした。きっかけは、ある日雄一郎さんが「アメリカの大学院でごみのことを勉強したい」と言ったことでした。

「やりたいことは、なんでもやってみる」がわが家のモットー。何よりも大切にしたいことです。公務員の仕事を手放すことや、障碍児と乳飲み子をつれて外国に住むこと、これからの生活の目途など、先は見えませんでしたが、迷いはまったくありませんでした。「とにかくやってみる」ことに、大きな可能性を感じていたのです。そのワクワクした気持ちと「きっと何とかなる」という楽観性だけを手に、家族で新しい生活に飛び込みました。

2年間のアメリカ生活を経て次は南インドへ。日本とは比較にならないダイナミックな土地での暮らしは万華鏡のようで、ただ生活しているだけで驚きの連続。忘れがたい半年を過ごしました。インドで出会った人々の過酷な生活とたくましさを目の当たりにし、「彼らのおかれた環境を思えば、日本で新しいことをはじめる不安なんて取るに足りない」と、移住を決意したのでした。

帰国後は京都の比叡山のふもとに仮住まい。第3子を出産して3カ月後、たまたま友人を訪ねて旅した高知にすっかり心を奪われ、数カ月後にはトイレもない山の古民家に引っ越していました。

高知の自然は力強く、人々のハートはオープン。そして食材はとびきり豊かです。土地の恵みを生かしたお菓子、野菜や果物を小包にして発送したり、週に一度「水曜カフェ」を開いたりと、小さな仕事を組み合わせて暮らす中、夫は翻訳の仕事をはじめる機会にめぐまれ、暮らしについて発信する機会も増えてきました。

思えば、引っ越しも仕事も、どれも計画したものではありませんでした。むしろ、無計画なままに、流れるままに（時に濁流にのみこまれながら）、「今できることをしよう」と手探りで進んできた、というのが実感です。住まいのこと、仕事のこと、子どものこと。たたみかけるように迫られる選択の連続でした。そして、その暮らしの中には、たくさんの出会いや幸運がちりばめられていました。特に高知で出会った人々の掛け値なしのまっすぐな好意は「ギフト」そのもの。初めて高知を訪れた時「まるでインドみたい！」と感じたのは、自然の圧倒的な生命力だけでなく、土地に生きる人々のおおらかさ、気持ちと行動とが分かちがたく結びついている健全さを感じてのことだったのだ、と振り返ってみて思います。

目標も計画もいまだにないけれど、目指している方向はあります。それは「変化をたのしみながら自由な気持ちで生きていくこと」。ご縁と流れ、タイミングを大切に、心の声に耳を澄ましてひとつひとつを選んでいけば、きっと願う方向に進んでいける気がします。それは、どんな小さなことでもかまわない、むしろ、些細なことの重なりこそが確かさを生み出すように思うのです。

まだまだ道の途中である私たちの暮らしを、今回本という形で発信する機会をいただいたことは、想定外のギフトでした。この本を手に取ってくださった方の心に少しでも響くことがあったら、そして、暮らしや生き方がよりその人らしく変化していくきっかけとなったら、それは、私たちにとっての小さな奇跡です。

世界が大きく変化していく今、「ひとりひとりが気持ちよく暮らす」ことは、よりいっそう大切になっていく気がします。地球を共有して生きる私たちが互いに尊重し合い、それぞれの才能が存分に活かされ、のびのびとした気持ちで暮らせるような社会を夢見て、そのためにはまず、「私自身が願うように生きること」。これまでのすべてに感謝しつつ、引き続き、季節の恵みや人との出会い、そして新しい出来事に驚いたり喜んだりしながら、まだまだたのしく歩き続けたいと思います。

私たちのささやかな日常におもしろさを見出し、「本にしましょう」と声をかけてくださった編集の浅井文子さんに心からの感謝を。また、言葉に表れない細部に誠実なまなざしを注いでくださったデザイナーの宮巻麗さん、ありのままの瞬間を躍動感あふれるエネルギーで射抜いてくださった写真家の衛藤キヨコさんに心より感謝します。

服部麻子

Profile

夫・服部雄一郎、妻・服部麻子（ともに1976年生まれ）、長男（高1）、長女（小5）、次男（小2）の5人家族。アメリカ、南インド、京都を経て、2014年に高知県に移住。
雄一郎：神奈川県葉山町役場のごみ担当職員として、ゼロウェイスト政策に携わる。訳書に、『ゼロ・ウェイスト・ホーム』（アノニマ・スタジオ）『プラスチック・フリー生活』（NHK出版）、『ギフトエコノミー』（青土社）など。
麻子：野草茶のブレンドを手掛ける。
一家の環境に配慮した「ゼロウェイスト」や「プラスチックフリー（プラフリー）」の実践的な取り組み、循環や持続可能性を意識した暮らし方がメディアで紹介され注目を集めている。今後ゲストハウスなども運営予定。

雄一郎
http://sustainably.jp/
instagram ID : @sustainably.jp

麻子
http://lotusretreat.info/
instagram ID : @asterope_tea（野草茶）

ロータスグラノーラ
instagram ID : @lotusgranola

写真／衛藤キヨコ
手描き文字／服部麻子
ブックデザイン／宮巻 麗
編集／浅井文子（アノニマ・スタジオ）

アノニマ・スタジオは、
風や光のささやきに耳をすまし、
暮らしの中の小さな発見を大切にひろい集め、
日々ささやかなよろこびを見つける人と一緒に
本を作ってゆくスタジオです。
遠くに住む友人から届いた手紙のように、
何度も手にとって読みかえしたくなる本、
その本があるだけで、
自分の部屋があたたかく輝いて思えるような本を。

サステイナブルに暮らしたい

2021年12月19日　初版第1刷　発行

著　者／服部雄一郎・服部麻子
発行人／前田哲次
編集人／谷口博文
アノニマ・スタジオ
〒111-0051
東京都台東区蔵前2-14-14 2F
TEL 03-6699-1064
FAX 03-6699-1070
発　行／KTC中央出版
〒111-0051
東京都台東区蔵前2-14-14 2F

印刷・製本／シナノ書籍印刷株式会社

ISBN : 978-4-87758-827-4　C0095